·一本解决当代领导者内心焦虑、矛盾、压抑的绝佳枕边书·

领导者心灵鸡汤

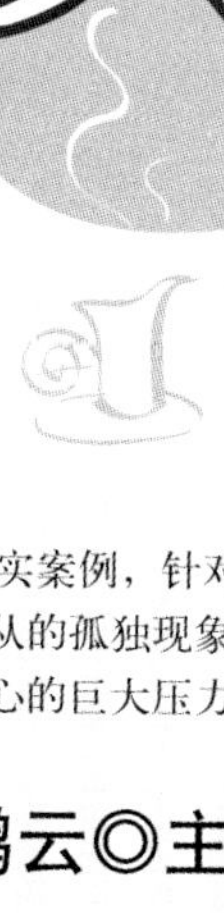

［本书力求以轻松的形式，结合现实案例，针对当前广大领导干部经常出现的内心焦虑、矛盾、压抑以及退休后无所适从的孤独现象进行分析说明，指出排遣消极情绪的合适方式，指导读者正确释放其内心的巨大压力，塑造健康积极的生活方式。］

高鹏云◎主编

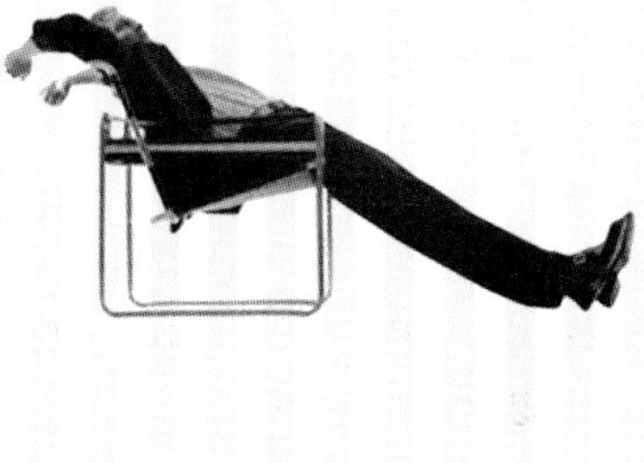

中共中央党校出版社
The Central Party School Publishing House

责任编辑　朱晋平　王　琪
版式设计　尉红民
责任校对　王洪霞
责任印制　宋二顺

图书在版编目（CIP）数据

领导者心灵鸡汤/高鹏云主编．—北京：中共中央党校出版社，2008.3（2010.9 重印）
ISBN 978-7-5035-3868-1

Ⅰ.领…　Ⅱ.高…　Ⅲ.领导心理学—通俗读物
Ⅳ.C933-49

中国版本图书馆 CIP 数据核字（2007）第 204524 号

中共中央党校出版社出版发行
社址：北京市海淀区大有庄 100 号
电话：（010）62805800（办公室）　（010）62805818（发行部）
邮编：100091　网址：www.dxcbs.net
新华书店经销
北京鑫海金澳胶印有限公司印刷装订
2008 年 3 月第 1 版　2010 年 9 月第 2 次印刷
开本：700 毫米×1000 毫米　1/16　印张：12.875
字数：182 千字　印数：6001—10000 册
定价：27.00 元

当你们梦想伟大成功的时候，你有没有刻苦的准备？

当你们有野心做领袖的时候，你有没有服务于人的谦恭？

我们常常都想有多获得，但我们有没有付出的情操？

我们都希望别人听到自己的说话，我们有没有耐心聆听别人？

每一个人都希望自己快乐，我们对失落、悲伤的人有没有怜悯？

每一个人都希望站在人前，但我们是否知道什么时候甘为人后？

你们都知道自己最求什么，你们知道自己需要什么吗？

我们常常只希望改变别人，但不是每一个人都知道怎样自我反省。

——李嘉诚

目录

第一章　管理艺术

二八法则 …………………………………… (2)
信任与期待的力量 ………………………… (4)
观棋悟语 …………………………………… (6)
管理是个写 V 字的过程 …………………… (8)
管理者取得成功需要克服的畏惧 ………… (10)
经营管理九大原则 ………………………… (12)
领导者与管理者 …………………………… (14)
六大心理决策陷阱 ………………………… (16)
平庸领导下跳棋，伟大领导下象棋 ……… (18)
如何巧用降级处罚 ………………………… (20)
如何“领导”上司 ………………………… (22)
三大管理陷阱 ……………………………… (26)
十大引导式管理问题,掘地三尺现“真金” …… (28)
中国企业领导人受困四大软肋 …………… (30)
重视员工反馈 ……………………………… (33)
竹笋和榕树的管理学 ……………………… (35)
卓越企业需要刺猬型领导者 ……………… (37)

目录

第二章　人际关系

千金易得，知己难求 …………………………（42）
多个朋友多条路，少个冤家少堵墙 ………（44）
平衡你内心的天平 …………………………（46）
出租你的耳朵 ………………………………（49）
人微言不一定轻 ……………………………（52）
1+1=2；1+1>2；1+1<1 ……………（54）
别让感觉欺骗了你 …………………………（57）
一半工作，一半生活 ………………………（60）
完美与现实 …………………………………（63）
有了“老婆”忘了“娘”？ ………………（66）
一山不容二虎？ ……………………………（69）
别拿自己当干部 ……………………………（71）
不长眼色，自讨没趣 ………………………（74）
私人空间与共同领域 ………………………（76）
该说“不”时就说“不” …………………（78）
得理也要饶人 ………………………………（81）
以德报怨，换位认知，转变你的“敌人” ……（83）
嫉妒的毒蛇 …………………………………（85）

目录

感情投资——学会赞美、学会感恩 ········ (87)
不要被小利绊倒 ································ (89)

第三章　情绪智力

坏情绪有哪些不良影响 ························ (93)
不良情绪怎样影响工作 ························ (94)
领导者如何保持工作好情绪 ···················· (96)
领导者如何提高情绪成熟度 ···················· (98)
逆境中如何调控情绪 ·························· (99)
如何把激情传递给团队 ························ (101)
什么是企业的情绪资本 ························ (103)
怎样提升自我情感管理能力 ···················· (105)
怎样通过有效情感管理来提升企业绩效 ······ (107)

第四章　危机时分

新官上任，如何应对新状况 ···················· (112)
过度自信酿危机 ······························ (114)
不打无准备之仗 ······························ (117)

目录

不要将命运交到庸才手中 …………………… (119)
危急关头如何取舍 ………………………… (122)
改朝换代时的危机处理（一） …………… (124)
改朝换代时的危机处理（二） …………… (127)
危机决策时如何处理沉没成本 …………… (129)
和而不同——危机时期的人才战略 ……… (131)
用好普通人——危机时期的人才战略 …… (133)
慧眼识危险 ……………………………… (136)
志不可满,乐不可极——避免乐极生悲……… (138)
如何在危机时刻从容应对媒体 …………… (142)
将危机化作转机——如何面对退休 ……… (144)
利用危机摆脱困境 ………………………… (146)
认识媒体的力量…………………………… (148)

第五章　生活物语

我的心态我做主 ………………………… (153)
保持谦卑的心 …………………………… (155)
积极的习惯 ……………………………… (158)
放开束缚，整装待发 …………………… (159)

目录

抵制诱惑——乌鸦和狐狸的故事 …………(161)
行动起来——用行动改善情绪和心态 ……(163)
钢玻璃杯 ………………………………(166)
忙不乱性，死不动心 ……………………(167)
木鸡的境界 ……………………………(169)
重视对后辈人才的培养 …………………(171)
如何提升个人领导力 ……………………(173)
思路决定财富 …………………………(175)
知足常乐 ………………………………(177)
职场人士应该学会如何职业“补氧” ……(179)
职业生涯规划……………………………(181)

第六章　从生理健康到心理健康

听，你的身体在说话 ……………………(185)
放松训练 ………………………………(186)
改善睡眠 ………………………………(191)
呼吸减压 ………………………………(193)
饮食减压 ………………………………(194)
运动一定能减压吗 ……………………(195)

第一章　管理艺术

二八法则
信任与期待的力量
观棋悟语
管理是个写 V 字的过程
管理者取得成功需要克服的畏惧
经营管理九大原则
领导者与管理者
六大心理决策陷阱
平庸领导下跳棋，伟大领导下象棋
如何巧用降级处罚
如何“领导”上司
三大管理陷阱
十大引导式管理问题，掘地三尺现“真金”
中国企业领导人受困四大软肋
重视员工反馈
竹笋和榕树的管理学
卓越企业需要刺猬型领导者

二八法则

二八法则又称“马特莱法则”，是国际上公认的一种企业法则。经过实践的检验，二八法则是企业提高效率、实现科学系统管理制胜的法宝。二八法则在企业的实际应用中，主要体现在如下几个环节：

1. 二八管理法则。企业主要抓好20%的骨干力量的管理，再以20%的少数带动80%的多数员工，以提高企业效率。

2. 二八决策法则。抓住企业普遍问题中最关键的问题进行决策，以达到纲举目张的效应。

3. 二八融资法则。管理者要将有限的资金投入到经营的重点项目，以此不断优化资金投向，提高资金使用效率。

4. 二八营销法则。经营者要抓住20%的重点商品与重点用户，渗透营销，牵一发而动全身。

从企业管理的角度讲，二八法则实际侧重的是“榜样的力量”。企业管理者都知道，企业80%的效益是由20%的核心员工来完成的。这20%的骨干员工在企业中是顶梁柱，也是“鳗鱼效应”的主题，通过他们积极主动的工作与活动，来带动整个团队的活力，从而为整个企业创造价值。

从企业决策的角度来讲，二八法则主要侧重于抓典型、抓关键问题进行有效、正确的决策，企业的运行过程中，几乎每天都有很多问题需要决策，但是能够左右企业的发展方向和企业成败的关键问题只有几个，能够善于认清“关键问题”，进行正确的“关键决策”无疑会影响整个企业的发展。我们经常会说这样一句话：人生之路遥远漫长，但是关键的也就是几步，能够影响你一生的命运。因此，抓住企业的关键问题进行正确的决策就像走好人生关键的几步一样重要。

天地无全功，圣人无全能，万物无全用。
——《列子·天瑞篇》

二八法则在企业资金运作中主要体现在：将有限的资金和资源，投放到关键的项目，也就是优化投资结构、加快企业资金的周转和利用率。现代化企业拼的是速度，“以速度冲击规模”是现代企业所倡导的全新理念。当你在一味地抱怨自己企业资金不足的时候，早已经有很多企业家把眼光放在了提高资金周转速度、提高资金利用率上了。国内曾经涌现出一大批“以速度冲击规模”的典范，当年的TCL，曾经创造了用10亿元流动资金，创造出年销售收入150亿元的经营奇迹。可见，优化资金投向、提高资金使用效率，“以速度冲击规模”，是企业健康、良性发展的关键。

二八法则在营销环节中，主要体现为两个方面，一是重点产品，二是重点客户。即企业80%的销售是由20%的重点商品完成的；企业80%的销量是由20%的核心客户完成的。无论是厂家或者商家，都要明白这个道理。比如，我们的冰箱产品线规划、几十款冰箱产品，产品线很长、很丰富，丰富的产品线是为了满足不同区域、不同消费者的需求，但是经过每个月的销售结构统计你会发现，一定是有20%的产品占到总体销量的80%。而我们的客户也是一样，展台上摆放20多款冰箱产品，其实每个月主要销售的也就是那么几款。明白了二八法则在营销中的应用原理至关重要，作为经销商来讲，要根据自己区域的特点，找准核心产品进行主推；作为厂家和代理商来讲，一定要将自己的客户进行A、B、C分类，认清哪些是完成你80%销售任务的核心客户，然后对核心客户进行重点的支持和关注。

关于二八法则的应用，可以说，在生活中也无处不在：社会的80%的财富集中在20%的人手中；80%的有效工作是用20%的时间完成的；80%的大房子是被20%的人购买并居住……总之，二八法则要求管理者在工作中不能“胡子眉毛一把抓”，而是要抓关键人员、关键环节、关键用户、关键项目、关键岗位……

（李　慧）

夫得言不可不察。数传而白为黑，黑为白。
——《吕览·慎行论·察传》

信任与期待的力量

1968年，美国心理学家罗森塔尔和贾可布森来到一所小学，并对所有的学生进行了智力测验。测验结束之后他们把一份学生名单给了学校的老师，并解释说这些名单上的学生智力非凡，不久的将来一定能成大气候。

8个月之后，他们再次来到这所小学，又进行了一次智力测验。他们发现：凡被列入名单的学生，成绩提高很快，性格更开朗，与同学、老师的关系也都很好。对老师进行调查，这些老师也都表示名单上的学生确实智力非凡。

其实，这份学生名单是完全随机拟定的。按照概率来讲，应该是有好的，也有不好的。但是为什么最后却都成了优秀的学生了呢？

因为教师对两位心理学家提供的名单深信不疑，于是在教育的过程中不自觉地就产生了一种积极的情感。尽管两位心理学家要求名单保密，但是老师们还是掩饰不住自己的感情，老师们的喜爱与期待都通过语言、表情、肢体动作表现了出来，在这种厚爱与期待的滋润下，学生们就会产生自爱与自信，正是自爱与自信促进了学生在各方面的发展。

这就是自我预期的实现。你预期一件事情的发生，结果它真的就发生了。

这就是信任与期待的力量。它能够激发人的潜能，使事情发生预想不到的变化。

信任自己，期待自己的成就，某一天就会变成现实。

而作为领导者，不仅要信任自己，更要信任自己的下属。许多领导者总是在对核心人员培训之后仍旧放不下心，总是感觉他们还有些许的不足。正是这种担心，促使自己去关心所有的大事小事，即使自己不在现场，也会多次询问督促下属，因而总是感觉事情脱不开身，其实是自己不想把这些琐碎的工作抛开。

没有人不犯错误，所以也要允许自己、允许下属有试错的过程，让自己也让下属在不断的挫折和打击中成长起来。这样

最有希望的成功者，并不是才干出众的人，而是那些善于利用每一时机去发掘开拓的人。

——苏格拉底

尊重和爱护下属的领导，能得到下属更多的赞成和同情，营造一个更有效率的团队。

一些领导者以为给了下属丰厚的薪酬，他们就没有理由再有什么不满和怨言了，其实，当自己的基本生活有了保障之后，人更多的是对荣誉感和成就感的追求，金钱并不能持久地起到激励作用，这时如果你给予下属充分的信任，让他们放手去做，他们就会获得尊重、成长和自我价值的实现。这样，才能真正有效地激发他们的生命力和创造力。

信任他人，期待他人的成就，就是用高度的信任将众人的智慧和力量凝聚起来。用人不疑，疑人不用，把最优秀的人聚集起来，组成优秀的团队，然后放手让他们去做。信任自己的下属，放手让下属去做，一来下属会感激你伯乐的出现；二来可以卸下一些负担，为自己减压；三来也可以弥补自身的不足。再强的领导人，也有照顾不到的墙脚，充分信任下属，充分授权，这样的团队才有生命力。

一个人去买鹦鹉，看到一只鹦鹉前标：此鹦鹉会两门语言，售价200元。另一只鹦鹉前则标道：此鹦鹉会四门语言，售价400元。该买哪只呢？两只都毛色光鲜，非常灵活可爱。这人转啊转，拿不定主意。结果突然发现一只老掉了牙的鹦鹉，毛色暗淡散乱，标价800元。这人赶紧将老板叫来：这只鹦鹉是不是会说八门语言？店主说：不。这人奇怪了：那为什么又老又丑，又没有能力，会值这个数呢？店主回答：因为另外两只鹦鹉叫这只鹦鹉老板。

真正的领导人，不一定自己能力有多强，学会信任，学会适当地放权，就能团结比自己更强的力量，从而提升自己的身价。相反许多能力非常强的人却因为过于完美主义，事必躬亲，最后把自己搞得很累，下属也不理解。

“得道多助，失道寡助。”信任下属，就有了员工的帮助与支持，领导者就如虎添翼。

（张文青）

子曰：「民无信不立，信则人在焉。」——《论语》

观棋悟语

"观棋不语真君子"是一句儿时在树下棋桌旁听来的"老人言"，意即劝诫观棋者不要随意插嘴打乱弈棋者的思路，同时此语也是对观棋规范的共识。

人们似乎都在遵守着这项默认的规范。通常两位棋手对弈，围观的人静静观看不发一语，如果偶尔出现插嘴支招者，一般会立即遭到弈棋者甚至场外旁观者一致的痛斥。令我困惑的是这个铁律的例外：每到了僵持不下，或者一位棋手束手无策的时候，或棋手就是否和棋出现争议的时候，或复盘研究的时候，场外人士"大嘴开禁"！

"大嘴开禁"，为什么从来没有人认为这是破坏规矩的呢？为什么弈棋者此时会从弈棋角色退出而加入大家的讨论呢？此时的棋盘是如何成为公共话题的呢？从静静的观棋到大家支招、讨论，这个外在观察到的变化背后是怎样的心理变化过程呢？

从"观棋不语真君子"到"大嘴开禁"，给企业管理带来什么启示呢？

不达乎人心，位虽尊，何益于安也？
——《吕览·先识览·察微》

很多企业的老板抱怨组织缺乏人才、抱怨手下人无能、抱怨手下人缺乏责任感、状态不佳，等等。为什么会如此呢？我们认为，是因为组织里有一位比任何人更具有优越地位的、不受约束和制约的、随时胡乱插嘴、支招的"观棋者"！他自己从不完整下一盘棋，他只是游走于各个"岗位棋局"之间，随时下场、随时抽身然后把残局和输棋责任一并留给那些已经被搞得兴味索然的下属。他不懂：棋手是被棋局吸引和激励的，离开了棋局，人们就像一群失魂的野鹤各自乱飞。

那么领导者该做什么呢？这里有两个比喻。

第一，领导者是开棋苑的。

你负责制定规则和目标，维护秩序。下棋是棋手的事情！

你把下属带入了棋手的弈棋状态就算成功了。很多领导者没有做到这一点并不完全是因为他个人天生有逞能的恶习，还因为这个过程本身就充满挑战。

他需要考虑：如何根据战略和任务的性质设计合理的组织架构？如何根据人性的规律进行工作设计？如何制定弹性的职责和实施授权，以保证工作与个体之间得以建立起弈棋关系？还得考虑什么样的测评体系可以避免出现恶性“赌球”事件？这些功夫对于不太专业的老板来讲都是挑战。

领导者的过多干预总是出于某种担忧、对下属的不信任、自我优越的意识。这使得他无法处于观棋不语的规范之下，于是下属也难以成为投入的棋手。

我们不妨这样换位思考一下：假如你在下棋，突然来了一位多嘴的高手，你还有兴趣继续吗？假如这个多嘴的人你又惹不起，接下去你的状态会怎样？走人？

如果下属正在准备以自己的想法工作，结果老板却不时给出远远高于下属自己见解的指导，下属的状态会出现怎样的变化？依赖和听从？

再假如下属是一位外来的与老板思路互不理解的另类高手，当他在你的特权干预之下失去弈棋的快乐，他还会追随、效忠你吗？

请记住：高手并非只是图利，他是被过程、弈棋感受吸引的！人才的价值也只存在于他本人的弈棋状态中！

第二，领导者是教练和棋艺研究者。

领导者常见的一个假设是：下属是绝对理性的。我们对其批评时，他应该是足够开放的；当我们需要他投入工作时，他立即能够调整心态，全心投入工作。

很多领导者不知道这样一个现实：有人调查过，在其下属心中“上司”与“讨厌”两个词关联度最高。作为领导者关键的智慧就是要能够通晓，如何保护下属的独立、尊重其主见，同时还要了解干预的时机和艺术。

这就是从“观棋不语真君子”到“大嘴开禁”给企业管理带来的启示。首先（开棋院），“领导就是服务”、“领导者就是

为上者，譬如缘木焉，
务高而畏下滋甚。
——《孔子家语·入官》

公仆”，讲的就是领导者要做好组织管理的一切准备，目的就是一个：使下属、同仁顺利地进入弈棋状态！管理设计扫除了绝大多数庸人自扰的顾虑。其次（搞研究），在遇到困惑、需要帮助、需要讨论伙伴的时候，教练出现了。这就是大树下“大嘴解禁”的时刻。

深度理解“大嘴解禁”的情境内涵有助于成为高效的领导者。大树下的人群不约而同“自动”开始了开放的讨论，这个按钮在哪里呢？这里的关键就是：个人与棋局的关系的转换。当个人对局面自感可以胜任的时候他不需要别人的干预、插手；当他对局面已经力不从心，帮助是不受拒绝的；或者游戏已然结束，那么对已经发生的一切的讨论和评价是可以开放进行的。

很多领导者利用自己掌握规则的优势与下属比武，处处争锋，给下属造成挫败感，一旦遇到下属抵抗他更加不安，更加激发他击溃下属信心的斗志。这是领导艺术的最大错误！领导是以激励他人、使他人成功为目标的。这使我想起《庄子·论剑》，这种逞能的人即使剑术再好也只能属匹夫之剑，而成就天子之剑需要的是使人尽其才、各得其所。

（李　慧）

管理是个写V字的过程

管理是个写V字的过程，落笔向下是坟墓，向上提笔是胜利。

H电脑公司是一家科技应用企业。公司创办时，董事会破格从地产公司电脑服务部聘任优秀员工A（24岁）为公司经理。理由是：A在电脑应用及智能化工程实施方面的技术水平较高，属内行。A上任三个月，工作积极、勤奋，带领员工刻苦钻研技术业务。但他不知道怎么经营和管理，公司经营停

诚之所感，触处皆通。——宋·吴处厚

滞不前。董事会决定将其撤换掉，但处理方法不当会挫伤 A，并对其各方面产生负面影响。

如何平衡，董事们提出了各自的想法。

董事 C 的看法：把他增选进董事会，然后兼任公司技术负责人。董事 Z 的看法：让他做分管技术的副经理，享受经理待遇。

董事 Y 的看法：我们需要的是懂管理，能带领员工扩大经营规模，创造效益的经理，既然他不行，那就撤职让他专干业务，那不就行了吗？现在的企业对人的管理不必太顾虑，该咋办就咋办。

董事 S 的看法：把他调回，给他 3000 元苦劳奖，开个离职欢送会，大家吃顿欢送饭。

董事长 H 的看法：

1. A 为一个有技术的优秀员工，是我们企业的财富，是我们没有给他摆好位置，这是我们的失误——决策者负责任原则。

2. A 正是公司最需要的专业人才，公司正要依靠这样一些技术尖子来发展，调走他会影响到公司技术工作——人才稀缺原则。

3. 目前我们选定的经理 J 虽有经营管理经验，但技术业务不太熟，需要 A 帮助，增选 A 进董事会不合适，若他作为董事兼技术总负责，而不是董事的新任经理在领导工作中会有难度——资源最优配置原则。

4. 若简单把他撤换掉，会产生很大的负面影响，这个问题不宜简单化——正面激励原则。

董事长的意见是设总经理，由他兼任。设两个总经理助理，拟聘的经理 J 任总经理助理负责公司日常的经营管理工作，A 任总经理助理兼技术部经理，对年轻的优秀员工 A 我们应采取积极培养的方针，通过传、帮、带，使他既在业务上保持高水平，又在经营管理方面能有所突破。通过一段时间的运作，在适宜时，他退出，那时必须建立一套稳定的、能力强的领导班子。

人的意义不在于他所达到的，勿宁在于他所希望达到的。——纪伯伦董事长的意见通过后立即得到了实施，公司的经营状况有了起色，A依然积极勤奋。

半年后，董事长退位，J任总经理，A任副总经理分管技术，公司运转良好。

爱默生说："你信任人，人才会对你忠实。以伟大的风度待人，人才表现出伟大的风度。"当我们在对员工进行管理特别是当员工的业绩下滑时，必须根据实际情况采用不同的策略。首先，决策者要敢于承担责任。其次，对于公司或企业稀缺的人才，要多采用鼓励、留用原则，要人尽其才，讲究管理艺术，"管理是个写V字的过程，落笔向下是坟墓，向上提笔是胜利"。

（李　慧）

管理者取得成功需要克服的畏惧

他们的才智或许称不上最出色，自身也未必受过最好的教育，但是，他们却注重时刻挖掘自身潜力，对事业执着追求，从不停止。

全球最杰出的企业家，如通用电气的杰克·韦尔奇、微软的比尔·盖茨、Virgin Atlantic的Richard Branson和惠普公司的路·普拉特等，他们身上都有一个共同点，那就是最大限度地发挥自身潜能，对从事的事业充满热情。他们的才智或许称不上最出色，自身也未必受过最好的教育，但是，他们却注重时刻挖掘自身潜力，对事业执着追求，从不停止。

他们也会遇到各种的不如意，比如，有时即使是竭尽心力也不能给企业带来更多的价值。但这时候，他们并不是要去改变自己，相反，他们会通过改变环境设法让自己的才能得以完全发挥，这就是他们不同于其他人的关键所在。因为对大多数人来说，遇到这种情况，会觉得沮丧，进而对自己的能力产生

从不攀登的人很少跌跤。从不获胜的人很少失败，——惠蒂尔

怀疑，最终寻求工作调动或离职，他们觉得自己在能力之外的范围内难以有出色发挥。

为什么信任自己的能力如此困难呢？简单地说，那是被自己的畏惧给出卖了。畏惧心理通常会夸大所谓的不足，让人觉得，要取得成功就必须具备某些原本不具备的素质。因为有这样的心理，很多人就会对学历、外表、工作经验产生某种依赖。既然执意追求总是会失败，那还不如就按他人的期望生活，滞留在无法发挥自身能力的职位上、挣那份还算不菲的薪水。

更糟糕的是，如果你屈服于畏惧的压力，它将会对你产生更大的影响，由此产生的结果往往是你避之不及的。例如，你害怕被人拒绝，就会摆出屈尊俯就的姿态，而这恰恰是为人所厌恶的；在你害怕失败的时候，你会因为丧失自信而表现得更加差劲。

在对自身能力有充分的认识和把握之前，你必须要面对、克服这些畏惧心理。以下列举的两种畏惧具有很强的破坏力，必须要去克服。

一、对自身能力不足的畏惧

发展迅速、竞争激烈的现代企业使管理者面临着巨大压力，他们梦想成为从不出错的英雄。对管理者业绩的期望越来越高，越来越不留情面，如果你达不到要求，那么其他对该职位觊觎已久的人会很乐意一试身手。

你试图表现得很完美、似乎对任何事都很在行。你设法让自己相信，成为一名领导，就要时刻严阵以待，永远做正确的事，并且给人驾轻就熟的印象。即使做不到，也要使出铁腕手段，以使他人信服。

这样做带来的麻烦只会越来越多：过分施展才华却忽视了自身的缺点，对自己的能力认识不清。因为弱点将带来威胁，于是你不愿去正视它们，甚至希望它们快些消失。

对自身的不足要有清醒的认识。问题不在于你是否有缺点，而在于缺点为什么存在？思考这样一个问题：我聘请一个人如何？他所擅长的正好能够弥补我的不足？

行而世为天下法，言而世为天下则。远之则有望，近之则不厌。
——《中庸》

认识自身的不足并不可耻，反而能迅速减少这些不足带来的威胁，使其不再妨碍你凭借能力获得各种成就。

二、害怕被拒绝

多数管理者都希望得到他人承认，这种愿望非常强烈。他们必须表现得体、受人欢迎，至少在上司和同事面前要这样。

然而，这种愿望有多强烈，随之而来的畏惧就有多深。如果我不能胜任我的工作，结果将会怎样？如果不受欢迎怎么办？这些问题会变得越来越突出，并对管理者的行为产生影响，其思路也会因此发生微妙的变化。正常情况下，管理者要考虑的问题是：什么是正确的经营决策？但在压力下会变为：怎样做才能使他们更加喜欢我？

（李　慧）

经营管理九大原则

有位客人到某人家里做客，看见主人家的灶上烟囱是直的，旁边又有很多木柴。客人告诉主人说，烟囱要改曲，木柴须移去，否则将来可能会有火灾，主人听了没有作任何表示。

不久主人家里果然失火，四周的邻居赶紧跑来救火，最后火被扑灭了，于是主人烹羊宰牛，宴请四邻，以酬谢他们救火的功劳，但并没有请当初建议他将木柴移走，烟囱改曲的人。

有人对主人说："如果当初听了那位先生的话，今天也不用准备筵席，而且没有火灾的损失，现在论功行赏，原先给你建议的人没有被感恩，而救火的人却是座上客，真是很奇怪的事呢！"主人顿时省悟，赶紧去邀请当初给予建议的那个客人来吃酒。

天地设而万物生，阴阳化而四时定。分别统理，为政之方。
——《鬻子·汤政汤治天下理第七》

一般认为，足以摆平或解决企业经营过程中的各种棘手问题的人，就是优秀的管理者，其实这是有待商榷的，俗话说：“预防重于治疗”，能防患于未然之前，更胜于治乱于已成之后。由此观之，企业问题重在预防，防患于未然。

要做个管理条理分明、未雨绸缪的管理人员，最好掌握一定的原理、原则，时刻自我提醒，以避免造成独断专行、管理混乱的局面。

1. 经营管理原则。在经营企业时，要顾及民主性、合理性、职能化的推进、公司全体与各个职员间是否协调、公司与社会是否协调，则以下原则非常适用。

2. 有关目标的原则。经营管理的目标不是支配，而是满足劳资双方为优先。所谓的满足是指处在某一时点下，从各个状况而言，双方都能同意的水准。也就是说，双方设定同意的目标。

3. 命令一元化原则。在原则上，一位职员只接受一位上司的命令。为了避免复数命令造成混乱局面，这是绝对必要的。不过在特殊条件下，可以打破这项原则。

4. 分业与专业化原则。工作时应尽可能采用分业制度及专业制度，若想使本原则与命令一元化原则不致发生冲突，可引入“指挥参谋组织”(line and staff）制度。

5. 管理幅度（大）原则。它也称为“管理范围”(spanof-controle)。每个管理人员所管理的人数皆有一定限度。通常，作业员以15～30人为限，事务员以6～8人为限，企划方面以2或3人为限。不过，视情况而定，可弹性增减。

6. 管理层次（少）原则。管理阶层愈短愈好。如果拉得过长，不但命令传到低层需要浪费较多的时间，且内容亦有可能歪曲。本项原则必须与第五项原则相互协调。

7. 权限委让原则。权责对等，工作与权限有密不可分的关系。把工作交给部属时，必须连同权限一起委让。它的结果是，委让者必须管理委让出去的权限。

8. 分权化原则。权限委让必须遍及组织全体，这是分权化原则。有了分权化制度，就要具备完整的公司管理体制。分权化包含决定及执行。

治生乎君子，乱生乎小人。——《荀子·致仕篇》

9. 目标管理原则。分权化的结果，担当者必须自己设定目标，或与上司一起设定目标。成绩若相当不错，部属的自主性及参加意识便会相对地提高。

（李　慧）

领导者与管理者

拿破仑带领他的部队进攻意大利。在途中部队感染了瘟疫，减员严重，长途跋涉，极其辛苦，晚上拿破仑出来查岗，发现哨兵睡着了，这时候拿破仑怎么办？拿破仑站在哨兵旁边帮他站岗。半个小时以后哨兵醒了，哨兵发现元帅在帮自己站岗，腿一软跪下了，腰也弯曲了，磕头请求饶命。拿破仑说，没有关系，太辛苦了，可以谅解，下不为例。于是便饶了他。试想，如果是一个连长在查岗发现哨兵睡着了，他怎么办？他必须把哨兵叫醒，然后找来另外一个哨兵帮他站岗，再把这个哨兵送到拿破仑那里，如果连长像拿破仑一样饶了这个哨兵，连长将和哨兵同罪处治。

中人网专访领导力专家吴维库教授关于领导者与领导力的问题，吴教授对此进行了详细的介绍。

吴维库教授把领导力定义成影响力，领导等于影响，领导力等于影响力。当一个人能够影响别人，别人愿意追随他的时候，他就是领导者。那么要影响别人，先要影响别人的思维；要影响别人的思维，首先自己要有思想，人格要有魅力，这需要满足五个条件：第一，你要有远见，能够看到他看不到的未来；第二，这个未来会对他产生影响；第三，实现了这个未来他能够得到实惠；第四，他跟着你这样的人行动，他不会吃亏；第五，他跟你在一起感到开心，所以他愿意追随你。如果一个

子曰：「上好礼，则民易使也。」——《论语》

人具备了这样一些素质，他一定有众多的追随者，无论他有没有职位权力，他都是个领导者。如果他被别人看中，就会给他权力，让他影响人。如果他影响力再扩大，他就会成立一个组织，或者是一个非政府组织，他就成为一个组织当中的领导者。

所以，领导者拥有的这种影响力是内在的，随身携带的，而不是别人赋予他的，同岗位无关；而管理者则不同，管理者是通过组织赋予的岗位权力去影响别人，有岗有权，没岗没权。在岗有权，下岗没权。因此，领导者拥有追随者，管理者拥有下属，领导者做事主动，追随者也主动。管理者用制度去约束人，管理者被动做事。所以，领导者的追随者主动做事，管理者的下属被动做事。

我们可以用一个矩形来作一个形象的说明：用一条对角线将一个矩形分成两个三角形，下三角是管理，上三角是领导，越往基层管理的层面增加，领导层面减少；越往高层领导的比例增加，管理的比例减少。处于高层，领导行为增加，管理行为减少；处于低层，领导行为减少，管理行为增加。也就是说，越往基层灵活性越减少，执行力越增加；越往高层灵活性越增加，古板性越减少。比方，国家元首，他就是一个协调者，领导有情，随机应变。但是企业小班组长，他就是认真执行，所以管理无情，照章办事。

拿破仑查岗的例子就说明这一点。

这也是领导者和管理者的区别，领导者把梯子架在正确的墙上，管理者解决爬梯子的技巧。所以制度是领导者定的，破坏制度的权力在领导者那里。领导者在必要的时候要能够破坏制度，因为环境不一样，管理的模式也要变化，管理无定式。没有一种制度能够预测到所有的环境，因此环境不一样，制度要调整，调整制度的权力在领导者。如果一个人或者一个管理者，在必要的情况下，他发现必须破坏制度，那么他可以破坏，这个时候他就是把自己定义成领导者。但是如果先斩后奏，他必须请求处罚。这是企业内部的管理艺术。

（李　慧）

政有三而已。一曰，固民；二曰，择人；三曰，从时。
——《说苑·政理》

六大心理决策陷阱

一个有意愿又有能力的个人或者团队是没有什么事情做不到的。意愿高的人会主动提升能力，能力强的人意愿也高；当我们能力提高的时候，我们的意愿自然也提高了。

成功最大的秘诀是什么？对于一个企业来说，成功最大的秘诀是知道如何带领团队作出最好的决定。这是因为一旦领导者带领团队作出了最好的决定，执行上已经成功了一半。员工又积极地参与，所以在执行上几乎不会失败。

我们作出了错误决定的主要原因是什么？有的人说是信息不完整，但信息是永远不够完整的。这本身就是一个陷阱。我们常常会掉进一些决策的陷阱里。

最好的决策思维就是客观和理性的推理，推理出它的后果。我们在选择的时候，并不是选择这个方案或行动本身，而是在选择这个方案或行动将带来的后果。

六大心理决策陷阱分别是先入为主陷阱、维持现状陷阱、顾惜已支付成本陷阱、肯定证据陷阱、框架陷阱、估计与预测的各种陷阱。

第一个是“先入为主陷阱”，这个词的英文直接翻译是“锚的陷阱”。先入为主指的是，一些过去的咨询或者一些专家的说法，或者是某个市场调查的结果，那些信息成了一个“锚”，它会固定我们的思维范围。当我们在作类似决定的时候，先入为主的想法或者咨询就固定了我们思维的范围，我们不会离开这个范围太远。

第二个是“维持现状陷阱”，就是过去也没有出什么大错就继续。这让我们墨守成规，不容易有很大的进步。

第三个是“顾惜已支付成本陷阱”。当我们投入一些个人资源、时间和金钱之后，即使这个项目进行得不够理想，我们

成见是一种不依真理判断的倾向。——沃利斯

也不甘心在现在停止，而愿意投入更多的资源、时间和金钱证明我过去的决定是对的。所有赌徒不肯离开赌桌，都是因为这种心理陷阱。

第四个是“肯定证据陷阱”。这个陷阱和“顾惜已支付成本”是“双胞胎”，因为我们要证明我过去的决定是对的，就会收集各种各样肯定的证据来肯定我自己。如果在收集资料的过程中发现一些资料建议我不应该往那个方向走，我就轻看它；收集到能肯定我自己方向的，我就加强它。

第五个是“框架陷阱”，这也是一个常见的陷阱。在作决定的时候，我们常常对框架本身照章接受，并没有探索框架本身是不是正确的、是不是合适的，我们就在框架里非常忙碌。

第六个是“估计与预测的各种陷阱”。虽然我们要作的决定是预测未来，但是我们总是往后看过去，如果我过去在这件事上非常成功，就理所当然非常自信；如果过去失败过，就建议这件事不要办了，害怕又办不成，过分谨慎。

那么，如何作出好的决定呢？

我们如何作出最好的决定？我想做出高质量的任何事都有两个因素，一个就是意愿，另一个是能力。一个有意愿又有能力的个人或者团队是没有什么事情做不到的。

如果出现了任何绩效问题的时候，我都从两方面分析，是意愿不够？还是能力不够？作决定本身是一个管理者必须具备的技能，可以借着有意愿或者有能力提升。

第一个先决条件是我愿意作出高质量的决定。很多时候，我们未必真的有意愿和勇气作出最好的决定，因为有的决定会对一些固有的传统作出一些挑战。

有的时候，我们知道这个决定不太好，但是又不知道怎样才是好的决定，因为没有能力做出一个更好的决定，只好接受目前的决定。

意愿高的人会主动提升能力，能力强的人意愿也高。所以我们要作出高质量的决定，第一个要有勇气作出好的决定，并且学习如何提高我们做好决定的能力。当我们能力提高的时候，我们的意愿自然也提高了。

不患位之不尊，而患德之不崇，不耻禄之不夥，而耻智之不博。
——《后汉书·张衡传》

意愿往往需要勇气，但是勇气并非无所畏惧，而是因为认定了有些事情比恐惧更重要。要有勇有谋，有勇气作出好的决定，也要知道如何做好的决定。如何做好的决定就是我们的能力，能力的确是可以提升的，因为能力是来自技能加上资源。

有志者，事竟成；无志者，事不成。能力完全可以提升，如果有意愿，我们可以不断地学习从而提升我们的能力，当然提高能力也是需要资源帮助的。

（李　慧）

平庸领导下跳棋，伟大领导下象棋

平庸的领导下跳棋，伟大的领导下象棋。跳棋的棋子都一模一样，走法相同，可以彼此替换；象棋的棋子走法各异，精妙之处就在于能够整合资源、协调作战。

管理咨询师马库斯·白金汉根据对8万名经理人的调研，发现了伟大的领导者的唯一共同点：平庸的领导下跳棋，伟大的领导下象棋。跳棋的棋子都一模一样，走法相同，可以彼此替换；象棋的棋子走法各异。下象棋的人都知道象棋是由帅（将）、相（象）、士、车、马、炮、兵（卒）等七兵种组成，两方阵营各有十六子，中间隔了一道楚河汉界，敌我对立，堡垒分明。下象棋的高手运用不同的棋子，在小小棋盘之上进攻退守，变化出万千谋略，精妙之处就在于能够整合资源、协调作战。

在白金汉看来，协调能力的高下决定了一个领导是伟大还是平庸。最近有台湾学者更进了一步，提出一个领导定义的新解：领导是协调人。

《史记·淮阴侯列传》中记载，刘邦问韩信自己能领多少兵，韩信说：“陛下不过能将10万。”刘邦说：“那你呢?”韩信说：“臣多多而益善耳。”刘邦笑说：“多多益善，为何为我

今王与百姓同乐，则王矣。——《孟子》

所擒?”韩信答曰:“陛下不能将兵,而善将将,此乃信之所以为陛下擒也。”这说明刘邦之所以得天下,在于他善用能人,能集中能人的聪明才智,为己所用。

三国时期的刘备则是另一个高明的“协调人”,他手中的“棋子”——孔明、关羽、张飞、赵子龙,个个都是响当当的人物,却都心甘情愿地为他效力,可见刘备的协调功力之深厚。

蒙牛的牛根生也希望自己能成为一个有效率的“协调人”,他认为做企业除了要制定战略、组建团队、打造企业文化,还有更重要的一点就是整合资源、协调利用。

一个成功的“协调人”,要善于在协调中建立起自己的“人际太阳系”。所谓“人际太阳系”,就是将领导假设为太阳系的恒星,周围有很多轨道,根据下属和领导关系的远近标出每个人在轨道上的位置。如果离恒星远的下属多,说明这个领导的协调能力弱。反之,如果离恒星近的下属多,说明这个领导的协调能力强。国际管理界也将其称为“引力艺术”。这种引力艺术是存在于领导者和被领导者之间的无形力量,它决定了领导者对下属的吸引力是大还是小,而这种吸引力除了来自于领导者的权力、地位之外,更主要的来自于领导者的非权力性影响力。

在企业组织中,要想产生组织效应,通常要由三个相互协调运作的因子共同来决定,即资源(resource)、关系(relation)、结果(result)。由于这三个协调因子在英文单词中都是“R”开头,所以,在协调理论中也称作为“领导三R原理”。

其中,资源,也称R1,是指组织中存在于员工当中的知识资本。关系,也称R2,是指组织中人与人之间的一种相互关系。结果,也称R3,是指组织目标达到的程度。它是通过群体的合作、矛盾的解决来实现的。在这三个协调因子中,R2是核心的动因,因为如果R2运转正常,可以把R1成功转化为组织绩效。反之,则会使R1消失,从而影响到R3。

领导者要想成为协调高手,就得从这3R入手。

(李　慧)

不因喜以加赏,不因怒以加罚。
——《晏子春秋·内篇向上》

如何巧用降级处罚

乌衣巷朱雀桥边野草花，乌衣巷口夕阳斜。
旧时王谢堂前燕，飞入寻常百姓家。
——唐·刘禹锡《乌衣巷》

人世间有一种伤感叫做无奈。物是人非，是人力无可挽回的事情，所以是最令人无奈的。其实，在现实生活中有很多类似“旧时王谢堂前燕，飞入寻常百姓家”这种场景的出现，比如，一个小有成就的人的堕落、一个家族的败落、一个国家的兴亡……

由此可以看出，这种现象是极为普遍的，那么，在企业中有没有这种现象呢？我们来看下面的例子便一目了然。

一个很有才能的员工因为自身的努力而被提升为中层管理者，这对于他的个人发展来说无疑是一件好事。但是，由于他的某一次重大的失误，为企业造成了不小的损失，此时的他应接受相应的处罚。

作为这个员工的管理者，如何来处罚他便成了引人注目的焦点。

如果开除他，于心不忍。因为在这件事的整个过程中，他也并不是有意而为，而是由于他的疏忽大意而出现了这个谁都不愿意看到的结果。再者说，他也为企业作出了不少贡献，也确实是可造之才。管理者不愿也不能这样做，这样会使其他员工觉得企业的处罚手段过于残忍，不给员工留任何机会，员工们每天都会背着压力工作，反而会容易出现差错。

有一种办法可行，那就是给这个员工使用降级的处罚。让这位员工回到原来的起跑线上，从头再来。但是，降级也会对员工的心理上造成一定的伤害，具体如下：

1. 在其他员工心目中的威信下降。降级的员工，他们不敢面对同事的目光，无论是善意的还是恶意的目光，在他们的

国无明法，则百姓轻为非。
——《管子·明法解》

心里永远都是在嘲笑自己的目光。此外，还有一种心理在困扰着他们，那就是他们认为前些日子还是其他员工的领导，现在却走入了他们的行列，降级员工从自己的内心深处就会产生一种自卑感，觉得自己的威信已经一落千丈、无法挽回。如同一个人做了贼，走在大街上总觉得后面有人对他指指点点一样。

2. 自己背上了企业“罪人”的包袱。强烈的心理落差会使降级员工心里产生愧疚感。他们的情绪会因此而掉入人生的低谷，总觉得自己在企业中从此将无法抬起头来，见到同事和领导们就会故意躲避，不愿见人，总觉得自己是企业的罪人。这种心理会使人丧失原有的斗志，精神委靡不振，找不回上进心。一个没有了动力的员工则无法再进步，这是人所共知的。

3. 在今后的工作中会束手束脚。俗话说：“一朝被蛇咬，十年怕井绳。”降级员工再也找不回当年的工作激情，“不求有功，但求无过”的心理占据了他们思想的主要地位，工作起来也是犹豫不决，自信心已然不复存在。他们在工作中将会遵循着“人云亦云”的做法，因为这样做可以不用担任何责任，所有的工作不是以工作的效果作为目的，而是以不用担责任为最终目的。长此以往，一个人的良好创造力就这样被无情地抹杀掉，实为可惜！

4. 对企业产生敌意，萌生去意。长此以往的生活，会使降级员工产生对企业怨恨的心理。他们会认为这一切都是企业对他的处罚所带来的结果，还不如直接被企业开除了的好。这种积怨时间长了就会化作一种仇恨，与企业为敌，心里自然而然地就会萌生去意。

鉴于以上原因，管理者在对下属采取降级惩罚时一定要掌握相应的技巧，否则会事与愿违。

首先，要认可降级员工的才能。管理者在与降级员工进行沟通时，首先要肯定他曾经为企业做出的成绩，表明这样一个立场：有功则奖，有过必罚，让下属心里清楚功过分明。管理者应明示或暗示降级员工，为什么企业采取降级的措施，就是因为企业还是认可此员工的才能，觉得他仍然是个大有希望的人才。

凡谋之道，周密为宝。——《六韬·三疑》

其次，要向其说明降级的必然性。管理者还应向降级员工说明：没有规矩，不成方圆。国有国法，家有家规。如果员工犯了错误而不受到处罚的话，今后将无法再管理其他任何员工，所以说，降级是必然的。

再次，给降级员工判个“有期徒刑”。不要让降级员工产生出自己永远也不会再得到提升的心理。管理者在对员工采取降级惩罚前就要声明：降级只是暂时的，只要员工做出了相应的成绩仍然可以被提升，从而可以间接地打消员工的顾虑。这个约定可以是几个月或是一年内，只要员工做出相应的成绩就会得到提升，这样可以大大刺激员工的上进心而去努力争取这个机会。

最后，当降级员工做出成绩后要及时提升。承诺一定要兑现，假如降级员工经过自己的努力取得了相应的成绩后，管理者一定要在第一时间内提升他。同时管理者应密切注意该员工在降职期间的心理变化以及工作情况。降级，是管理者的一种很无奈的惩罚手段，做好此工作也的确是要费一番心思的。

（李　慧）

如何“领导”上司

央视《百家讲坛》中讲《汉代风云人物》时，讲了“冤死的晁错”的案例。晁错是一个忠诚度高而工作起来又很忘我的“好员工”，而其之所以从一个“宠臣”沦落到“冤死鬼”，主要是其“领导”上司无方，以致招致众怒，从而最终“误了卿卿性命”，成为了那个时代的“牺牲品”。

的确，“领导”上司，犹如“伴虎”，是典型的“太岁头上动土”，充满着职业的风险。如不慎，有时会弄巧成拙，惹得领导“龙颜大怒”，最后往往使当事人“偷鸡不成反蚀米”，或者是“打了家伙、丢了饭碗”，让人扼腕顿足，异常惋惜。相反，如果作为一个下属，善于“领导”上司和精于“领导”上

有备则制人，无备则制于人。——《盐铁论·险固》

司，有时也会“借力使力”，起到四两拨千斤的效果，不仅让自己步步高升，使自己的人生价值快速得到体现，从而让自己的思路、主张、方法能够快速落地并得到有效实施，倒也算是下属的一大幸事和快事。那么，下属应该如何来“领导”上司，才不触犯“龙颜”从而避免自己成为新时代的晁错呢?

第一，领导之前要先搭建信任平台

“领导”上司是一门艺术和学问，那么，在“人心隔肚皮”而信任普遍缺失的今天，下属要想让领导更好地“听信”于自己，就必须先搭建彼此心灵能够共融的信任平台。

1. 共同的远景是信任的根本。下属要想让领导信任自己，从而心理不设防，就必须在思想上、行为上向领导靠拢，与其处在同一条战线，形成战略联盟，从而构建互通有无的交流、信任平台。相反，那种与领导“同床异梦”，思路迥异的人，是无法靠近领导的，当然，更提不上去“领导”上司了，共同的目标与愿景是拉近与上司距离的最佳路径。

2. 良好的沟通是信任的基础。很多有能力的下属之所以有时会出现“不得志”的现象，很多时候都是因为缺乏与领导有效、深度沟通有关，下属要想真正“领导”上司，左右上司，建立良好的沟通渠道必不可少。这就要求，下属必须要定期、主动地与领导进行沟通，沟通的内容要不拘一格，可从彼此共同的爱好与兴趣入手，逐渐过渡到观点、思路的交锋与契合，现在是一个沟通的年代，沟通的深入与有效，将使下属与上司的思想交汇融合得更快捷。

下属要想领导上司，搭建信任平台至关重要，下属只有越过了彼此的双向信任关，领导上司才算走出了实质性的第一步。

第二，领导上司要先过心理素质关

很多有想法的下属之所以不敢领导上司，与其怀有畏惧心理，缺少良好的心理素质有关，所以，下属要想有效领导上司，先过心理素质关是关键。

1. 领导面前，人人平等。领导是人不是神，因此，不要把领导看得过于高大与神秘，从而产生顶礼膜拜的心理，要知

没有理想，就达不到目的；没有勇气，就得不到东西。——别林斯基

道，领导面前，也是人人平等的，而有了平等才能无畏，下属只有过了自卑恐惧关，自动消除了心理障碍，领导上司才成为可能。

2. 抱有一颗平常心。只要心里更多地“装”着工作，而不是单纯自己的“一己私利”，下属就可以以一颗平常的心态，来与领导“和平共处”、平等对话，从而展露自己的主张。既然上司在行政、业务上可以领导我们，我们为何不能在一些我们自身确实强势的方面来去“领导”上司呢？

“领导”上司需要一种勇气，下属只有过了心理素质关，领导上司才算走出了第一步，下属只有具备了自信、自立、自强的良好心态，领导上司才能变成现实。

第三，领导上司要提高自己的专业素养

作为领导，凭什么要在某些方面听你的？你有什么“特异功能”来吸引你领导的眼球，其实，这都需要下属在某些方面提高自己的专业素养，使自己成为在某一领域或方面的专家。

1. 发现能与领导互补的地方，展示之。尺有所短，寸有所长。每个人都有优点，也有缺点，领导也不例外。因此，下属在发现了领导的某些短板而自己在这方面较为强势后，就可以在跟领导进行深度沟通的同时，充分地予以展示，恰到好处地给予补充，但需要注意的是不要过于张扬，要善于做一个“幕后策划人”，否则，容易引起领导的反感，让其感到有越权、篡权之嫌。

2. 强化自己在某方面的权威，吸引之。下属要想让领导欣赏自己、信服自己，就必须树立在某些方面的专家形象，提高自己的专业素养，获得领导的信赖与依赖。比如，某集团公司一大区经理善于团队管理，经常在一些管理类的期刊上发表文章，在员工中间树立了管理方面的专家权威，因此，凡是有关团队管理方面的决策问题，领导必然要找其给予参谋，因此，这位大区经理的很多想法都通过“领导”上司的方式而得到了实现。

下属要想让领导“听自己的”，从而成为领导的“外脑”和“高参”，就必须树立自己专业化的形象，只有让自己成为

大辩若讷，大巧若拙。——《牟子》

某一方面的专家和权威，领导上司才水到渠成。

第四，领导上司还要善于因人而异

“打铁需得自身硬”，下属要想更好而顺畅地领导上司，除了出色地“耕耘好”自己的“一亩三分地”，做好本职工作外，还必须善于学习有关领导学、管理学、心理学等方面的知识，不断提升自己的“领导”水平，学会因人而异地针对不同的领导采取不同的“领导”方法。

1. 领导类型的分类。在实际的工作中，领导的类型可以分为以下几种：

刚愎自用型。即作为领导，经常自以为是，做事非常武断，常常是魄力有余，谨慎不足，较易吃亏和挫败。

扬长避短型。明白自己的短板在哪里，针对自己的缺陷，通过善于管人理事，弥补自己的不足，从而起到一个真正管理者的角色。

孤芳自赏型。这样的领导也很有能力，但有时却会陷入“孤芳自赏”的境地而得不到同事、下属以及老板的帮助，从而有时让自己孤苦伶仃，孤苦无助。

含而不露型。这种领导能力超群，做事非常老练与稳健，不事张扬，但却有自己独特的套路，能够开诚布公地征求下属的意见，是一种较为看好的领导类型。

2. 有的放矢，因人施“领”。对于刚愎自用型领导：要注意不要轻易向其表达你的“领导”意见，要善于运用“糖衣炮弹”战术，先对其进行适度“追捧”与“称赞”，然后再循序渐进导入自己的一些好的可行性较高的想法，并且尤其要值得注意和防范的是，绝不能让其产生有“班门弄斧”的感觉。

对于扬长避短型领导：这类领导较为明智，知道发挥团队每一位成员的积极性和团队力量，因此，对此类领导要敢于大胆地表现自己，不适时宜地陈述自己的观点和想法，吸引其注意，牵引其思想，从而能够让其顺着自己的思路走。

对于孤芳自赏型领导：要通过从侧面敲击的方式，让其不沉醉、沉迷于自己营造的团队氛围里，要曲径通幽、迂回走进其心灵深处，阐述自己营销思路与方法的高效及可操作性，与

君子以行言，小人以舌言。
——《孔子家语·颜回第十八》

其进行心与心的碰撞与交流，从而让其有找到“相见恨晚”、“知己”的感觉。

对于含而不露型领导：要通过虚心求教的方式，闻其声，观其行，使自己的思想观点通过和风细雨、潜移默化的方式，逐渐向其内心渗透。对此类领导，下属要善于为人“做嫁衣”，通过甘当幕后，让自己的思想“武器”逐渐攻克领导的心灵“高地”。

通过以上四种类型领导的四种“领导”方法，下属可以实现有针对性地对领导进行“导引”，从而吸引其关注，让自己的想法得到认可，从而更好地掌控领导思维。

“领导”上司彰显了一个下属的内在实力，下属要想顺利实现这一目的，就必须先打造好自己这块“样板产品”，通过自己卓有成效的工作业绩，扎实的工作作风，过硬的业务和心理素质，不断树立在领导心目中的“权威”和“专家”形象，从而让领导信服自己，信任自己，进一步成为领导的左膀右臂，真正使自己成为上司某方面的“领导”。

（李　慧）

三大管理陷阱

谋先事则昌，事先谋则亡。
——《说苑·说业》

有一个人在荆州做官时，山上的老虎常出来吃人和家畜。老百姓要求县官除去恶虎。这个人只下了一道驱逐老虎的命令，叫人刻在很高的岩石上，凑巧那只老虎因故离开了荆州，他就得意地认为他的命令生效了。

不久，他被调到另一个地方做官。这个地方的老百姓非常刚强，很不容易治理。

他认为刻在荆州岩石上的命令既然能够制伏凶恶的老虎，便以为也能够镇住能够识文断字的老百姓，便托人去荆州描摹那个石刻。

结果，这个地方不但没有治理好，这个官反而因为治理不当而丢了官。

许多企业和单位都有成功的历史，它们依靠这些方法取得丰厚的利润和优异的政绩。但是，当一个新情况出现的时候，时代变了、环境变了，原有的“成功”方法却在这时使企业一败涂地。这启示我们，每个企业或单位都有自己的运作模式，但是当情况发生变化的时候，我们应调整我们的管理策略、运作模式来适应变化，适应新情况。

然而，不管是在企业还是在单位，面对不断变化的环境，在管理决策上通常有三个非常大的陷阱。一般来说，在管理运作上都是墨守成规的，直到有两种情况出现的时候才会作一些新的决定：第一个是有问题出现，第二是有新的机会。有问题就需要解决，有新的机会需要去掌握。解决问题和掌握机会都需要不同资源的分配，所以这个时候就会让我们更容易陷入另外三个陷阱。

第一个陷阱就是让问题推动决策，或者让解决问题的方案成为目标本身。比如，我们常常为了增加利润，我们必须要降低成本，我们就开始想怎么样降低成本，过了一段时间降低成本本身就成了我们的目标。所以我们的注意力焦点都变成如何降低成本，甚至有的时候我们会因为降低成本而牺牲了利润，忘记了原来我们降低成本是为了增加利润。在管理决策上，这是非常容易见到的一个陷阱。

第二个陷阱就是当我们有新的机会需要去把握的时候，我们一般惯性作业就是墨守成规，反正没有出错，没有大问题我们就继续。直到有一个人可能提出一个建议说，我们现在有一个新的机会我们要把握。讨论的时候，团队的人一定会向这个建议者提出许多的问题挑战他，你为什么觉得这么好，你有什么数据？我们往往要求他先提出数据，然后我们再去挑战，让这个建议者越来越完善他的建议。结果，新的机会就在他“完善建议”的过程中溜走了。

第三个陷阱就是如果一个组织很大，尤其是在政府单位，

真理大步走近，谎言就得跑开。——阿克顿

常常一个方案要经过一层一层的审批。当然最高决策的人常常是没有时间策划方案的，所以就请下面的人提方案上来。下面的人一提，第一层经理觉得这是我部门提出来的，当然是很好的，就批准了。到下一层的批准觉得说下面人已经看过了，上面人也还会再看，就让它过去了。一层一层，批到最高层的时候你下面这么多层都已经看过了，我还有什么好挑毛病的，就批准了，这也是很危险的。

（李 慧）

十大引导式管理问题，掘地三尺现“真金”

提问具有惊人的力量，它可以使人思路清晰，激发创意。激烈的竞争，风云变幻的国际市场，错综复杂的管理事务，都会使企业陷入困境。但管理者是接受真相的撞击，还是继续逃避在缥缈的幻境里，艰难地选择决定企业前景是光明还是暗淡。困难固然根深蒂固，掘地三尺现真金，十大引导式管理问题，层层深挖之后，协助管理者理清现状，制定清晰、切实可行的目标，并找到实现目标的方法与途径。

迈克尔·马奎特，世界著名的管理咨询大师认为提问力胜于执行力，高明的问题成就高明的领导。针对191位成功的企业领袖的研究发现，他们成功的关键，在于善于制造发问机会并懂得在正确的时间提出正确的问题。

企业的目标，通常有三种表现形式，一种是宏大的、令人兴奋的，但结果不能完全受控制。另一种是近期具体的目标，明确、有时间限制，达成后可立见成果。第三种就是更近更具体的目标，表现为每天所需要做的工作行动。

无论是每天的目标，还是每年的目标，都要立足于现状。在理清现状的前提下，制定可实现的目标，方能激发员工的激

智慧是在平凡中发现奇迹。——爱默生

情和创造力，反之，可能会使员工陷入忙乱、琐碎的工作陷阱中。然而，如何理清错综复杂的现状，并认清企业的关键目标呢？管理者如何帮助经理、负责人找到目标，纠正执行中的偏差？

让我们看一个案例：核电项目是GE在20世纪60年代上马的，它当时与飞机引擎和计算机并称为三大风险项目。后来，飞机引擎业务逐步发展壮大，而计算机业务被出售掉了。核电项目在当时看来充满了希望。该项目位于圣何塞市，那里集中了那个时代最优秀、最聪明的精英，他们把自己的全部生命和希望投入到了核能利用这一前景辉煌的事业当中，1979年宾夕法尼亚州三里岛的核事故丝毫没有影响他们的信心。1981年，杰克·韦尔奇上任伊始，参观了这个身价几十亿美元的业务部门。在此次行程中，核能部门负责人向韦尔奇展示了颇具前景的乐观计划，他们预计每年得到3个核反应堆的新订单，在他们滔滔不绝地向韦尔奇乐观地描述这一令人兴奋的目标的时候，尽管韦尔奇十分尊重他们的热情，但还是硬生生地打断了他们的陈述。“现在的状况怎么样？”韦尔奇的问话，将负责人从盲目乐观拉到了客观的现实：1980年亏损130万美元，1981年亏损2700万美元。1979年的三里岛核泄漏事件把公众心中残存的一点点对原子能的支持都打消了，对公用事业管理部门以及政府来说，核电的安全是最优先考虑的事情，而GE公司已经有72个反应堆在运转，使这些项目保留下来并安全运转才是头等大事。

基于以上对客观现状的认识，业务部门重新制订了新的计划。到1981年秋天，核业务部门重新调整思路，终于制订出了新的计划。而且，他们将反应堆业务部门的雇员从1980年的2410名减少到了1985年的160名，将绝大部分建设反应堆的基础设施都拆掉，把力量集中到对先进反应堆的研究上，以备将来有一天世界对核能利用的态度可能会发生转变。由于服务业务的成功，整个核能部门的净收入从1982年的1400万美元增加到1983年的7800万美元，1984年则增长到11600万美元。

欲将败之，必姑辅之；欲将取之，必姑与之。
——《战国策·魏一》

核能业务部门的成功改革正是韦尔奇基于客观现实，用提问、引导的企业管理技巧实现成功管理的绝妙例子。制定宏大的目标，对很多经理人来说并不是问题，或者可以说很简单，但事实上恰恰相反。让经理们从现实的实际出发，而不是从过去的经验或者自己的主观愿望出发来看待某种形势，实在是一件非常不容易的事情。所以，在执行过程中，就需要 CEO 具备高超的管理技巧。

企业管理者注重实效，改善管理环境，提升业绩，达成目标。企业管理有一套独特的问题式引导方案，其中十大引导式管理问题是广受肯定并最受欢迎的系统管理提问方案：

（1）你想要的是什么？

（2）你想做的事情会为你带来什么？

（3）当你有了它之后，你如何得知？

（4）别人如何得知你什么时候达成了目标？

（5）你想在什么时间、什么地点以及与什么人一起达成这个目标？

（6）什么阻止你现在就达成这个目标？

（7）达成这个目标，将怎样影响你的其他方面？

（8）你有些什么资源现在就可以帮你达成目标？

（9）什么额外资源（现时没有的）可以帮助你达成目标？

（10）你怎么样可以达到你想要的目标？

（李　慧）

中国企业领导人受困四大软肋

面向未来，中国企业领导人受困于以下四大软肋：重于进攻疏于防守、高层团队管理不善、针对本土创新不足、凭直觉而不重思考。

经过两年的时间，Hay（合益）集团通过对中国数十位企

尊贤使能，信忠纳谏，所以为安也。——《潜夫论·思贤》

业领导人的调查研究，发现了他们的成功基因及其“短板”。

根据Hay的这项研究，中国企业领导人中的佼佼者具有众多的优秀素质，社会责任、创业精神、和谐双赢、自我修炼等方面的素质表现得尤为突出。但同时，面向未来，中国企业领导人受困于以下四大软肋：重于进攻疏于防守、高层团队管理不善、针对本土创新不足、凭直觉而不重思考。Hay大中华区总裁陈玮在接受记者采访时表示，如果不能很好地解决以下问题，中国企业将遭遇难以克服的发展瓶颈。

软肋之一：重于进攻疏于防守

研究发现，中国企业领导人花费大量时间和精力在融资或资本运作、收购兼并、市场扩张等外向性、进攻性的上面。

尽管他们认为人才短缺是最大的挑战，却很少在人才培养和组织能力建设上下工夫。同时，中国企业领导人培养下属的能力，明显低于全球企业的领导人。

陈玮分析，这种进攻和防守的失衡，因为缺少训练有素的“高参”而变得更加严重。

国际领先的企业拥有高质量的首席财务官、首席营销官、首席信息官和首席人才官等，而中国企业过去20多年并未培养出大批世界水平的“高参”，这使得企业的最高领导人在平衡进攻和防守战略实施的方面，缺乏必要的内部支持。

由此，中国企业的领导人不得不对外思考市场环境、竞争态势、收购兼并、资本运作，对内考虑人才培养、文化塑造、体系制度建设等，难免不顾此失彼。长期来看，中国企业在人才培养和组织能力建设方面欠账太多，最终将影响企业的可持续发展。

软肋之二：高层团队管理不善

研究发现，与欧美企业的领导人相比，中国企业领导人团队领导能力较弱。

这些企业的高层团队最大的问题是合作与信任。Hay与哈佛大学共同的研究表明，高层团队成员之间高度的合作和信任对于公司战略的制定和执行至关重要。实践证明，越来越多的创新来自高层团队成员之间的高度配合和信任。

陈玮认为，企业高层团队成员之间不能合作，企业中必然会形成不同的派别和势力范围，使得战略执行过程中“左手不知道右手在干什么”，甚至是“左手打右手”的情况出现。

研究还发现，很多中国企业的高层团队成员对于自己在战略实施中的具体责任和角色并不十分清楚。因为他们每个人的责任边界缺乏清晰定义，导致互相扯皮或不能及时补位，从而影响战略实施的速度和效率。

研究表明，上述高层团队的问题很大程度上是由中国企业领导人的领导风格所决定的。他们典型的领导风格是“家长式”的，主要表现形式是“恩威并重”。

在创业早期或业务相对简单的时候，这种“家长式”的领导风格颇为奏效。当市场环境和业务越来越复杂的时候，很多中国企业的领导人发现仅靠自己的经验和智慧已经不能应对挑战了，他们需要有一个强大的高层团队协助他们，明确战略并实施战略。

陈玮说，要塑造一个真正高度合作、责任明确、创新的高层团队，中国企业领导人需要加强“愿景型和民主型”的领导风格，通过大量的解释工作让高层团队的成员“心服口服”，并把更多高层团队的成员介入到重大决策中来，同时及时解决高层团队成员之间的“心结”。

软肋之三：针对本土市场的创新不足

研究发现，与印度和全球企业领导人相比，中国企业领导人并不具备大量创新的行为或领导组织创新的行为。

相比之下，印度企业领导人表现出很多创新的行为。他们发现新的市场，建立新的分销系统，创建新的业务模式，调整产品与服务使之更加适合印度的消费者或客户等。例如，他们改装拖拉机使之更适合印度农民的需要；又如他们将西方的技术改造一下，使印度的客户能够在不牺牲质量的情况下运用印度随处可见的、更便宜的燃料。

然而，研究并没有发现中国企业领导人表现出大量的创新或领导企业进行创新的行为，特别是根据本国市场的特点，通过产品服务、赢利模式等方面的创新寻找到突破的行为。

不可能的字只有在愚人的字典里才可以翻出。——拿破仑

软肋之四：凭直觉而不重思考

很多中国企业领导人在处理信息进行决策的时候，更偏好从直觉出发，而非倚重深入而周密的战略性思考。“凭直觉、拍脑袋”而缺乏系统广泛的信息收集和深入周密的战略性思考也让很多中国企业领导人付出了沉重的代价，他们在投资、扩张和企业运作等方面的决策错误影响了企业的健康发展。

陈玮认为，直觉是重要的，特别是在机会俯拾皆是的时候，这种直觉式的信息处理和决策风格确实可以带来速度和效率。但是，当业务日益复杂、竞争日益加剧、信息纷繁杂乱、显而易见的机会日益减少的时候，已经跨越了创业阶段的中国企业领导人需要运用更加系统、正规的方式收集信息，并且运用更加深入而周密的战略性思考来进行判断和决策。

陈玮说，与西方或印度的卓越企业领导人相比，中国企业领导人似乎在广泛收集信息方面显得有所欠缺。“特别需要指出的是，西方或印度的卓越企业领导人在了解和理解消费者的社会趋势、技术和行业走向等方面似乎更加积极和在行。”

（李　慧）

重视员工反馈

从前有个画家叫昆安，画虎出了名，方圆几十里的人都来买他画的虎。有一天，来了个外乡人，也来画虎。他画的虎栩栩如生，渐渐地人们都来买外乡人的画，买昆安画的人越来越少了。

一天，昆安偷偷来到外乡人的家里，混在人群中看外乡人画虎，果真那外乡人的画很逼真，透着灵气。昆安回家后，一个人收拾了行李和画具，悄悄地离开了家乡。

昆安走了三年，有一天他又突然回来了。他在家中摆起了画具，几分钟就画了一幅下山虎，他让人把

你们的理想与热情，是你航行的灵魂的舵和帆。——纪伯伦

这张画送给那个外乡人。外乡人看了他的画，立即来到昆安的家里，上去叩拜，自称弟子。原来，昆安的画已经把虎画到骨里去了，看到他的画，就像看到一只下山的猛虎立在面前。外乡人自愧不如。

人们很奇怪，就问昆安为什么三年不见，回来却能把虎画得如此好呢？昆安说：外乡人的画技已经达到出神入化的地步了，但是他千里迢迢来这里就是为了画虎为生，肯定不会把技术传授给我，所以我就跑到深山之中，天天躲在大树上观察老虎的形象，并把它们的一举一动记下来、画下来，时间长了，就把老虎画得更加生动了。我是拜虎为师啊！

故事中的昆安能够认识自己的不足，面对外乡人没有嫉妒，而是更加努力地去学习，终于使自己超出了同行，同时他也获得了别人的尊敬。日常管理中，我们可能会遇到来自多方面的挑战，只要我们保持一颗努力进取的心、能正确处理同事甚至是下属员工的反馈，我们一定能立于不败之地！

怀特菲德是一家营销公司副总裁，她在过去10年的工作经验中，有过数十次的绩效评估经验，不过有一次令她特别难以忘怀。令她印象深刻的原因，不仅因为这次绩效评估让她改变了管理风格，而且它是来自员工的评估。

怀特菲德近日接受《华尔街日报》的访问时回忆道，她的员工对她说："你经常生气！"当下她很震惊，因为该名员工与其他员工认为是生气的情绪表现，她自己却看做是热情。后来，当她与员工讨论工作时，她开始学习克制自己的情绪，避免反应失当。对于怀特菲德来说，这个反馈无疑改变了她的经验，因此她相信，来自员工的反馈对主管是必需的，这些反馈也许很伤人，但是却很具建设性。因为，员工每天面对主管，能近距离地看主管的优点与弱点，因而可以很精确。

泰楠（Vic Tanon）是一家公司总裁，去年年底他从三六〇度绩效评估中了解，员工对于他总是把办公室门关上很不高兴，这对员工的流动率也产生了负面的影响。泰楠诚实面对员

不满足才有创造的余地。——陈独秀

工的抱怨，不再关闭他办公室的门，同时张贴一张公告表示虽然他经常很忙，但是他希望随时能对其30名员工提供协助。

另外，他也开始与其7名直属员工共进午餐，并鼓励其主管们也与员工一起吃饭。同时，针对抱怨工作目标不明确的员工，他也一一为其解决。事实上，泰楠相信员工离职的原因多半来自主管而不是来自工作。响应员工的批评6个月后，公司员工的流动率降低了30%。

尽管三六〇度绩效评估让主管对员工、员工对主管，以及员工对员工，提供了相互评估工作绩效的机会，但是，许多员工却只有在非正式的场合中，才能坦诚对其主管提出建言。加拿大皇家银行资深副总裁就表示，偶尔他与员工在星期五晚上会上酒馆小酌一番，只有在那个“发牢骚”的时刻，他才能够从员工身上得到真正的反馈。譬如，员工对他说，对某个项目不要管得这么严，同时员工也鼓励多与他们互动。其实，在轻松的气氛下，面对批评也比较不会有很强的防卫心。

每个人都是一个独特的个体，都有自己独特的视角。作为主管，重视员工精确而有建设性的反馈，对于提高我们的威信和绩效有不可忽视的作用。遇到管理不善、绩效降低的情况，如果不从自己身上找不足，再努力改善，而是把心思放在打击、陷害、制造各种事端上，必定会一事无成。

（李　慧）

竹笋和榕树的管理学

竹笋出土后，就像一个精确规划设计过的现代建筑一样，生长速度极快，这与现代社会普遍的浮躁心态极为相似。

身为常绿大乔木的榕树，怎么能在无土无水的塔巅生长？在空气中生根，从而吸收水分生长下去，这证明了榕树“不守规矩”的极强适应性。

天行健，君子以自强不息；天势坤，君子以厚德载物。
——《周易》

竹笋的特性

竹子是禾本科亚科植物，也可以说是一种高等的“草”。它的生长特点是只有初生生长，没有次生生长，形态生长在短期内一次完成，接下来的“任务”就是逐步老化，竹竿的寿命一般不超过10年。

竹笋出土后，就像一个精确规划设计过的现代建筑一样，生长速度极快，生长高峰期一昼夜生长量可达1米，从竹笋出土到新竹长成也就是1～2个月的时间。竹子的这种生物学特性，与现代社会普遍的浮躁心态极为相似。

榕树的启迪

榕树的气生根是从干枝萌发出来的暴露在大气中的不定根，有极旺盛的生命力，依赖母体的营养并可吸收空气中的水分及养分不断伸长向下，有的垂直朝下生长，有的缠绕枝干延长。这许多气根粗细不一，枝干交织，像藤蔓一样同根共生，枝脉相连，形成“多代同堂，难断树龄”的独特现象——老榕树在尚未死亡腐烂之前，通过其气生根可繁衍出翌代的树体，继而又由第二代树体上的气根繁衍第三代的树体，这许多干体既可分开又可连长在一起，形成一个“大家族”。

这些生长及繁殖的变化是在同一个时期内，在“原位原树”上进行的，以致同一棵古榕树上有不同“辈数”的树干，出现了“多代同堂”的奇观。对于天然的，或无记载可究的古榕树，查其树龄较困难，尤其是该树的“祖龄”更难推断。

温州江心屿的塔顶榕，是榕树顽强的生命力的最好例证。这棵塔顶榕树龄已逾百年，1960年郭沫若先生来温州时，曾对塔顶榕赞叹不已，写下了“东塔高九层，中空生华盖。榕亦生其巅，仿佛如冠戴”的诗句。身为常绿大乔木的榕树，怎么能在无土无水的塔巅生长？在空气中生根，从而吸收水分生长下去，这证明了榕树“不守规矩”的极强适应性。

竹笋式管理与榕树式管理

榕树的生态特性，与温州企业的生态特征极为相似，与温州“草根企业”的生命力相吻合。这种看似混乱无序的生长方

最伟大的真理最简单；同样，最简单的人也最伟大。——黑格尔

式，实际上具有极强的生命力，也具有潜在的有机秩序。而这种草根的生命力，恰恰是精通“哈佛教”的职业经理所不能理解的，认为这是一种“落后”的方式。

一段时间以来，某公司一直在讨论企业标准化体系建立的“路径”问题。但是，公司的职业经理形成了两种完全相反的思路。

一种是“总体规划”派思路，与正统管理学思想完全吻合，又有国际“最”先进企业的“最佳实践”为证，显然没有人敢说这种方法不对。可是在这种思路指导下，某公司的标准化体系建设经历了几茬咨询公司规划之手，确实“屡战屡败”，至今没有真正建立起来（倒是有了好几种版本的看不完的文件)。这种方法与竹子盲目的快速一次性生长的特性多么相似!

另一种思路是“问题导向”的循序渐进的方式方法。从公司突出的问题入手，一次解决一个问题。一个“标准”一旦建立起来，就及时运行，而不要等待建成一个体系。让“标准”在运行中不断修订和完善，而不追求“一步到位”的完美。一个可以运行的“标准”会对新的标准建立提出要求，遵循内在的逻辑让标准体系自然“长成”。

这样的方式方法是“榕树式”。看上去很不规范，没有总体规划，标准的“新”、“旧”版本也没有那么清晰，在长期学习“命令—控制”、只认“强制秩序”、不认“有机秩序”的多数职业经理人看来，这简直就是瞎胡闹。而这种方法却是被亚历山大的建筑学、AdrianBeian 的“构造论”、软件工程中的“自适应软件设计”、温州企业以及大榕树的生长证明是更有效、更合适的方法，完全不必担心会“乱套”。

（李　慧）

凡事预则立，不预则废。——《中庸》

卓越企业需要刺猬型领导者

狐狸知道很多事情，但刺猬只知道一件大事。狐狸是一种狡猾的动物，能够设计无数复杂的策略偷偷向刺猬发动进攻。而刺猬则毫不起眼，走起路来一摇一摆，整天到处寻觅食物和照料它的家。狐狸在小路的岔口不动声色地等待着。刺猬一不留神瞎转到狐狸所在的小道上。“啊，我抓住你啦！”狐狸如闪电般迅速向前扑去。小刺猬意识到了危险，它立刻蜷缩成一个圆球，浑身的尖刺，指向四面八方。狐狸看见刺猬的防御工事，只好停止了进攻。撤回森林后，狐狸开始策划新一轮的进攻。刺猬和狐狸之间的这种战斗每天都以某种形式发生，尽管狐狸比刺猬聪明，但刺猬总是屡战屡胜。

英国哲学家以赛亚·伯林从这则寓言中得到启发，把人划分为两类：狐狸同时追求很多目标，思想凌乱或扩散，没有集中成为一个总体理论或统一观点。而不管世界多么复杂，刺猬都能看透复杂事物并且识别隐藏的模式，将其简化成单个有组织性的观点，把所有的挑战和进退维谷的局面压缩为简单的“刺猬理念”。

那些领导公司实现从优秀到卓越跨越的商业精英，在某种程度上都是“刺猬”。他们运用自己的刺猬本性，为公司努力建立我们今天所称的“刺猬理念”。那些没有实现成功跨越的公司的领导人，更倾向于做狐狸，从来没有获得“刺猬理念”的优势。他们的思想是分散的、不集中的、不连贯的。

沃尔格林公司是世界上最大的食品和药品零售企业之一，创造了连续100多年赢利的神话。从1975年到2000年，它拥有超过市场价值15倍的累积股票收益率，业绩超过了英特尔、通用电气、可口可乐等世界著名企业。在采访该公司CEO科克·沃尔格林时，他谈到公司取得这样骄人的业绩的原因时说：“听着，其实并没有那么复杂！一旦明白了这个理念，我们就勇往直前。”这个理念是什么？很简单：最好、最便利的药店，可观的单位顾客光顾利润。按照经典的刺猬风格，沃尔格林采用了这个简单的理论，并且坚持不懈地加以执行。该公司启动了一个系统项目，把所有不方便的店址都换到更加方便的地方，最佳地点是顾客能够很容易地从多个方向进出的拐角。沃尔格林还率先采用顾客开车进店买药的新办法，他发现顾客喜欢这样的方式，就建立了成百上千个这样的药店，并且把他的药店都紧密地聚集在一起，其原因是没有人愿意必须穿越好几个街区才能到达一个沃尔格林药店。举例来说，在旧金山的商业区，该公司在方圆1英里内就聚集了9个药店。

沃尔格林紧接着把这种便利观念和一个简单的经济观念联系起来，那就是提高单位顾客光顾利润。紧密聚集的药店（每平方英里有9个药店）促进了当地的规模经济的发展，继而为进一步的集中提供了资金，从而又吸引更多的顾客。通过增加高回报服务项目，沃尔格林提高了单位顾客光顾利润。更多的便利增加了单位顾客光顾的利润，就会有更多的资金回流到系统，建立更多的便利药店。沃尔格林就这样变成了一只具有惊人简单理念的“刺猬”。

经过大量的调查研究，我们发现，实现从优秀到卓越跨越的公司与对照公司的本质区别，表现在两个基本方面：(1) 实现跨越的公司把战略建立在对3个主要方面的深刻理解上，这就是我们所称的“三环理论”：你能够在什么方面成为世界上最优秀的？是什么驱动你的经济引擎？你对什么充满激情？(2) 实现跨越的公司把它们的理解转化为一个简单明确的理念来指导所有工作，这就是“刺猬理念”。更确切地说，“刺猬理念”是一个简单、明确的概念，它来自对以下“三环”交叉部分的深刻理解。

例如，在明确“刺猬理念”之前，富国银行企图成为一个全球性银行，它像一个小花旗银行那样经营，结果却是业绩平平。后来，在卡尔·赖卡德的领导下，富国的管理层向自己提出一连串尖锐的问题：我们能比其他任何公司做得好的是什么？同样重要的是，我们比不过别人的是什么？如果我们不能做得最好，那么为什么要做下去呢？

富国的管理团队认识到他们在全球银行业务上无法超过花旗银行，就停止了绝大部分的国际业务，把注意力转向了他们

佛有云：菩提本无树，明境亦非台，本来无一物，何处惹尘埃！——慧能

能够做得最好的业务，像经营企业一样管理银行，把精力集中于美国西部地区。这就对了，那便是“刺猬理念”的精髓。它使富国银行从一个平庸的花旗银行追随者转变为世界上运作最优秀的银行之一。

赖卡德是富国银行转变期的CEO。他是一只高明的“刺猬”，使员工坚持不懈地专注于“刺猬理念”，不断地提醒他们：“在莫德斯托等地区赚的钱，比在东京赚得多。”和他共事的人对他在简化观念方面的天资赞不绝口。“如果赖卡德是一位奥林匹克潜水运动员，”他的一位同事说，“他不会做5次空翻转体动作，而会选择最漂亮的直体向前跳水，并且一遍又一遍出色地重复这个动作。”

富国银行全心专注于“刺猬理念”，用他们自己的话来说，“刺猬理念”变成了符咒。富国银行的员工重复着同一基本的主题——“并没有那么复杂。我们只是坚定不移地从事我们的工作，并且决心完全专注于我们能够超过别人的几件事上，而不是分散精力去做我们不擅长的事，以满足我们的虚荣心。”

（李　慧）

大器其犹规矩准绳乎，先自治而后治人。之谓大器。

——《扬子法言·先知篇》

第二章　人际关系

千金易得，知己难求

多个朋友多条路，少个冤家少堵墙

平衡你内心的天平

出租你的耳朵

人微言不一定轻

1+1=2；1+1>2；1+1<1

别让感觉欺骗了你

一半工作，一半生活

完美与现实

有了“老婆”忘了“娘”？

一山不容二虎？

别拿自己当干部

不长眼色，自讨没趣

私人空间与共同领域

该说“不”时就说“不”

得理也要饶人

以德报怨，换位认知，转变你的“敌人”

嫉妒的毒蛇

感情投资——学会赞美、学会感恩

不要被小利绊倒

千金易得，知己难求

俗话说："一个篱笆三个桩，一个好汉三个帮。"世界上很少什么事情是可以由一个人独立完成的。所以，你想从朋友、同事中得到些什么，就应该知道为此该付出些什么。

三国时期，蜀国的创建者刘备是处理人际关系的一个典范。当他还在读私塾的时候，其人就比较聪明、讲义气，并因此成为同学中的头，他经常帮助其他同学，与同学的关系处得都非常好。后来长大了，每个人都有自己的路要走，刘备与这些要好的同学也就各奔东西了。

虽然大家分开了，但是刘备却依然很注重经常与同学保持联系。其中有一位叫石全的人，是刘备读书时最合得来的朋友。他在读完私塾后，仍回家继续侍奉自己的老母亲，以尽孝道，靠打柴卖字画为生。刘备不嫌其清贫，经常邀请石全到他家做客，并适当给以周济。日复一日，年复一年，刘备与石全的关系不断地加强，情同手足。

后来，刘备为了匡扶汉室，实现自己的抱负，带起了一支队伍，参加了东汉末年的大混战。初时，刘备军事势力很弱小，不得不依附其他人。并且，在一次交战中，刘备所带的军队被全部歼灭，只有他一人侥幸逃脱，幸而被石全给隐藏了起来，才逃过了一劫。试想如果刘备与石全的关系仅一般，在那个动乱的年代，又有谁敢冒着生命危险收留败兵之寇呢？

再后来，刘关张桃园结义，成为了生死不离、不弃的朋友。他对两位兄弟更是关怀倍加，事无大小、巨细都愿与两位兄弟商议，不因上面的压力而舍弃、难为兄弟，不因自身地位的提升而怠慢兄弟，始终把兄弟当成手足一样来看待、爱护、包容，因而关张也都一心誓死相随，即便整日颠沛流离，居无

真正的朋友不把友谊挂在口上，他们并不为了友谊而互相要求一点什么，而是彼此为对方做一切办得到的事。

——别林斯基

定所，甚至有再大的外部诱惑，也都无法削弱、斩断他们的兄弟情谊。关云长为与兄长团聚，谢辞曹操厚爱，过五关斩六将，千里护送阿嫂的故事，更被传为了千古佳话。同样，刘备还以自己的真诚赢得了赵子龙、诸葛亮等一批忠肝义胆之士，从而帮助自己成就三分鼎立之势。

其反面的典型人物则是吕布，尽管其武力超强，才华绝俊。然而人品却非常不好，经常出尔反尔，也就不能赢得真正的朋友。其投身丁原帐中，为钱财而杀丁原；投门董卓幕中，贪美色而杀董卓；与朋友约，而不守信。最终使自己众叛亲离，无人相惜，而被曹操缢死。

人与人之间的关系往往会随联系的增加而加深，疏于联络的朋友，则会日渐疏远。现今，我们虽身为上班族，但也不要一天到晚都埋头在办公桌前，不论多么忙碌的人，也总会有吃饭、休息的时间。不妨利用自己的闲暇时间，联系一下老朋友，增加一下感情，即便只有短短的 5 到 10 分钟，但却对于与对方保持长久的联系非常重要。上班族的收入很有限，得靠省吃俭用才能存一点钱。但是，因此而失去与所有朋友来往的机会，则往往使我们斤斤计较于小钱，而舍弃了更重要的机遇。因为你不知道，谁将是你下一刻的贵人。因为你的一个朋友，你人生命运的轨迹可能就会改变，而我们又何尝不需要各行各业的朋友，以获得不同方面的信息、资源、支持呢。

在所有的朋友当中，我们绝不能忽视离我们最近的朋友——同事。较远一些的朋友，虽然可能在不经意间对我们有所帮助。然而，我们身边最近的朋友，却有可能时时帮助我们。尤其是我们的同事，他或她的一句话，都可能提醒你所忘记的最重要的问题，可能帮助你共同解决最难解决的问题，分享你成功的喜悦，共同分析你失败的教训，默默接受你情感的宣泄，我们为什么拒绝一个真心实意听我们说话的人呢？下班后，大家一块喝喝茶，聊聊天，将是多么惬意啊！无形中，我们就成了最默契的好朋友。君子之交淡如水，交友，不求多，不求快，只求别中断……朋友是一种信

没有友情的社会则只是一片繁华的沙漠。得不到友谊的人将是终生可怜的孤独者。
——培根

息，朋友是一种资源，从朋友交往中，我们也可以获得情感的慰藉。

（姜　斌）

多个朋友多条路，少个冤家少堵墙

“同行是冤家”似乎成了千古名训。其实也并不尽然，“水至清则无鱼，人至察则无徒”，同事如兄弟，兄弟如手足，为人处事应该把同事当做朋友来对待，才能够如鱼得水，似鸟翔空。一个人不能总是锋芒毕露，尤其在我们这个讲究谦虚谨慎的国家里，凡事更应该尽量谦恭，尽可能斩断自己不能容人的锋芒。

据史载，清乾隆年间大学士纪晓岚是个博学的正人君子，而与其同朝为官的和珅则是个满嘴仁义礼仪，满肚子男盗女娼，人尽皆知的大贪官。一开始，纪晓岚与和珅可谓水火不相容，两人都千方百计想法把对方参下去。后来，纪晓岚因盐案被贬戍新疆，和珅则是非常幸灾乐祸。而再到后来，乾隆皇帝因要修订《四库全书》，想到纪晓岚的才华，又复把纪晓岚召回京中。于是，纪晓岚声名重振，与他走动的人渐渐多了起来，其中不乏很多见风转舵的同僚。对于这些人的造访，纪晓岚虽然心中非常反感，但碍于情面，也只好笑脸应酬，只是自己不去这些人府上走动，懒于上门回访，显得有些孤傲清高。而对于一直比较要好的朋友，则与之更加亲近，互访不断。随着家境好转，他也常常将他的好友邀至家中，设宴款待，互相吟诗作赋，其乐融融。

纪晓岚的回调，皇帝对纪晓岚的信任与器重，一些同僚对纪晓岚的亲近，这一切使得和珅惴惴不安，但他也一时奈何不了纪晓岚。为了试探纪晓岚，看看纪晓岚对自己的意见还有多

讲到名望、荣誉、享乐、财富等，如果拿来和友谊的热情相比，这一切都不过是尘土而已。——达尔文

大。在冬季的一个大雪纷飞的日子和珅强拉硬拽，把纪晓岚的好友，刘墉、董曲江、王文治、戴震等人，都请到了和珅府上会文吟诗，独独不请纪晓岚。

而纪晓岚经此变故之后，对世事看得更加清楚明了，逐渐改变对自己过去看不起的人，如和珅之流，鸡犬之声相闻、老死不相往来的做法，改掉自己孤高自诩的做派，变为虽知不是伴，困境也相容的方法。

和珅你不请我，是为了试探我，可我偏去！于是他化装成一个渔翁，披了蓑笠帽，来到和珅院门。正要进去，看门人认不出是纪晓岚，便阻拦住了他。

纪晓岚说："我听说和大人赏雪吟诗，我也喜欢作诗，只作了一句，请代我传一声。"看门人哪里肯，纪晓岚便取出二两银子送他，看门人看在银子的分上，到里边一说，和珅觉得好笑：一个臭打鱼的，还有什么好诗。不由笑道："他诌了一句什么？"看门人背诵道："一片两片三四片。"和珅听了笑起来："这叫什么诗？快把他轰走！"看门人刚要走，刘墉道："何不问问他有第二句没有？"看门人应声出去。一会儿来学道："他说第二句是：'五片六片七八片'。"和珅听后大笑道："这又不是小孩子学说话，快把他赶走。"看门人应了一声，正待走时，董曲江道："作诗有一种逆转法，何不让他把下面两句说完，便可知其才学了。"刘墉、王文治等也一齐称善，和珅只好让看门人去问。

少时，那看门人回来禀道："那下面两句是'九片十片十一片，飞入花丛都不见'。"刘墉等一齐大惊道："是纪晓岚到了，快快请进来！"和珅也叫有请。少时，进来个渔翁，果是纪晓岚，众人一齐大笑。和珅见纪晓岚肯自己到来，料到纪晓岚对自己的成见已除，连忙让座，尽欢而散。后来，在纪晓岚主持《四库全书》纂修期间，和珅也没有刻意找纪晓岚的麻烦，这也与纪晓岚对各种关系处理得当有关。

人的一生，很多时间是在社会的大环境中，其中，大部分时间又是在单位中度过的。在一个单位环境中，如果你的眼睛只看着领导或老板，而对同事不屑一顾，虽然你可能红极一

世间最美好的东西，莫过于有几个头脑和心地都很正直的、严正的朋友。
——爱因斯坦

时，但不会长久。因为一个在同事中没有人缘的人总有一天在领导面前栽跟头。所以，处理好与同事、朋友之间的关系是个人发展的基础。

生活中，我们与他人（包括同事）的关系也总存在亲疏远近，也会特别欣赏某些人，而特别厌恶另外的一些人。但我们不能因为厌恶另外一些人，就不接受这个世界，不接受这个世界的现实。纵然你不愿结交他们为朋友，但也总比把他们结成冤家强得多吧，没必要无故得罪人，而且有些心胸特别狭窄的小人也是不能轻易得罪的。更何况多个朋友多条路，少个冤家少堵墙。

社会鱼龙混杂，很多不平事，个人无法改变。那么，虽然不能改变天气，但可以改变心情；不能改变容貌，但可以选择表情；不能改变他人，但可以控制自己；不能预支明天，但可以用好今天；不能件件成功，但可以事事尽心。因而，处在这个社会，该圆宜圆，该方则方。

（姜　斌）

平衡你内心的天平

生活的劳累，一小半是由于生活的艰辛，一大半则是由于人们自身的攀比。在每个人心中，都有一个天平，用来评价世间的种种万物。有时，天平的左边可能会高些，而有时，天平的右边则会高些。而当天平的一端高到顶端，另一侧低至谷点，我们内心的天平就彻底瘫痪了，由此引发我们内心的冲突、情感的困扰，而丧失行为的理性，对我们自身，以及周围的人和事，都可能造成无法弥补的创伤。因而，我们需要及时调整内心的天平。

你如果想使人家赞同你的意见，你首先要使人家相信你是他的好朋友。——林肯

1996年6月，武汉某一著名的医院录用了两名刚刚毕业

的大学生王强和李浩。其中，王强来自北方某知名大学生物学系，李浩来自本地区的一所普通高校的医学系。能被这所知名医院录用，表明两人都非常有能力，而且都比较实干。然而，在家庭状况、性格上，两人却截然相反。其中，王强家庭比较富裕，性格开朗，做事比较灵活，说话风趣幽默，很会处理同事之间以及与院领导的关系，下班后经常邀同事一块聚餐、喝茶或唱歌，深得同事好评以及院领导的赏识。李浩则由于家境比较贫穷，每月都要给身在农村的父母兄妹寄一大笔钱，所以生活比较节俭，很少和同事一块聚餐或娱乐，总是找些理由避开。其性格比较孤僻，好朋友不多，然而自尊心很强，做事非常认真，中规中矩，认定的事情都不轻易认输，有时宁愿加班，也不把工作拖到第二天，几乎每天都是最早上班，最晚下班的。因而业务上，他和王强也是平分秋色。

由于家庭背景、性格、兴趣上的差异很大，李浩不怎么喜欢和王强来往，对王强的某些行为习惯，以及一些开玩笑的言辞很是反感，鄙视其那种强势、不羁、摆阔绰的行径，但在表面上却也在维持一种普通的同事关系。包括王强在内的其他同事和领导对李浩的情况也都了解不多，有几次，他们强拉着李浩一块去 K 歌，李浩不会唱，后被逼无奈，唱了一首，却遭到了同事的一阵讥笑，自尊心受到严重打击，从此李浩立誓再也不去唱歌了，对王强等同事也逐渐产生厌恶之情。当王强、李浩在和同事一块聚餐时，王强有时在同事面前也强行替李浩买单，使得李浩益发厌恶王强，对王强及其他同事日渐疏远。在李浩多次拒绝加入王强等同事的活动后，同事们就逐渐把李浩排除出了他们的小圈子。李浩则更专注于业务工作，多次被评为劳动模范、先进个人。

1998 年 2 月，医院打算派一名职工出国进修一年，回来接替即将退休的黄副院长。然而，围绕着具体人选，医院员工展开了争论。经过重重筛选、考察，最后决定在李浩、王强二人中选择一人。可是，李院长却面临两难的选择。一方面，李浩业务能力很强，但是却不善于处理人际关系；而王强虽善于处理人际关系，但业务能力却远逊于李浩。李浩和王强二人却

佛曰：「大度能容容天下难容之事，笑口常开笑世间可笑之人。」

都非常想抓住这次机会，而对于副院长位置，二人也都心仪已久，为此纷纷找院长谈及此事，彼此间互不让步。围绕着出国进修、副院长人选，李浩与王强开始了互相攻击，关系急转而下，彼此间见面都不说话，同事关系也变得紧张，进而影响到了整个医院的气氛。

在这种情况下，李院长不顾李浩的强烈反对，一意采取民主投票的方式来决定谁出国和担任副院长一职。为此，李浩和李院长大吵了一架。谁知，此事竟在同事中流传开来，很多人背地指责李浩的不是，而李浩对李院长从此也就记恨于心。最后投票的结果显示，王强以微弱优势胜过了李浩。李浩备感心灰意冷，无颜在本单位继续待下去，就辞去了职位。

然而，李浩并不甘心，内心的天平完全失衡。为了泄愤，在辞职后不久，他买凶打伤了李院长和王强，后被公安机关依法拘捕。

读罢上面的故事，究竟谁是真正的受害者呢？李院长未能协调好这些关系导致自己深陷矛盾之中，擅长处理人际关系的王强却始终没有处理好与李浩的关系，压抑已久的李浩更是采用极端的方式来发泄自己的不满。一场本能避免的矛盾斗争，却因处理得不当而被点燃。生活中比这严重的事例还很多，为了报复老板的不公，嫉妒同事的才能，员工把机密文件公开，或者直接或间接害死同事、老板的惨剧也还在上演。

然而，为什么每个人都觉得自己是受害者呢？一个很重要的问题是：我们不能站在他人的立场来看待这些事情，来理智、客观的审视这些事情。2002 年诺贝尔经济学奖得主丹尼尔·卡尼曼证明，人的决策并非完全理性的，而是有限理性的，往往会被情感所左右、动摇。我们对他人，对某件事的情感、态度，往往会影响到自己对某个人、某件事的客观地评价，歪曲我们的知觉。

无论身处同事之中，还是朋友群里，或是和陌生人在一块，我们都会经常性地问自己：“他们为什么比我更好呢？”“究竟在哪些方面，他们比我们更强？”“为什么社会有这么多的不公平呢？”当思考这些问题的时候，我们心中往往有一个

难能之理宜停，难处之人宜厚，难以之事宜缓，难成之功宜智。
——欧洲博学经典

天平，来评价、比较。攀比之心、嫉妒之心、平均主义、不拿白不拿，不吃白不吃、升官找门路、发财找捷径、行贿受贿、贪污腐化等，都是由于我们内心的天平已经失衡造成的。似乎每个人的价值都是在通过与他人的比较中得到体现，因而不能容忍同事比我们发展得更好，不能容忍老板的批评，不能容忍他人的炫耀……实际上，我们忘记了，想要活得随意些，就只能活得平凡些；要活得辉煌些，也就只能活得痛苦些；要活得长久些，就只能活得简单些。为什么我们不能保持一颗平常的心呢？把同事之间的竞争压力转化为一种前进的动力，刺激我们不断地开发潜能、改善人生，实现共赢。

（姜　斌）

出租你的耳朵

世界著名的记者麦克·卡恩说："不肯留神听人说话，是不能立刻受人欢迎的原因。一般人只在思索自己应该怎样说下去，却不管人家在怎样说。须知世界上多半是欢迎一个专爱听人说话的人，很少欢迎只爱述说自己意见的。"这种心理不但名人如此，任何平常人也是一样。临床心理学家对存在各种心理问题的人进行咨询的一个重要方面就是倾听，即"出租你的耳朵"，引导来访人员把内心的苦闷、抑郁、压抑等统统释放出来。日常生活中的人们又何尝不需要发泄呢？而正是找不到发泄的途径，把各种问题紧紧压在心底，久而久之，才会形成了比较严重的心理问题。

播种一种思想，收获一种行为，
播种一种行为，收获一种习惯；
播种一种习惯，收获一种品格；
播种一种品格，收获一种命运。
——印度谚语

某单位招到了A、B、C三位实习生，A来自于某名牌大学，业务知识精湛，对业务外很多信息也都很灵通，如时下流行的歌曲、影视、明星隐私、新起巨富传闻等。B同样来自某名牌大学，业务知识同样的精湛，但是行为比较低调，平时沉默少语，只安心于把事情做好。C则来自于一所普通的高校，业务知识与A、B相差很多，但其为人却很勤奋、踏实，不懂就问。

刚进入实习单位时，A、B两人因为学历高，业务知识精湛，而获得同事们的青睐。A完全把自己的专长发挥了出来，平时经常性地给同事讲一些业务上的新知识、新方法，休息时间滔滔不绝地给大家讲各种明星趣事、人物故事、经济趋势、政治走向……别人的一个话题经常可以引起他一连串的故事，而且他也比较好辩论，当同事有人表达不同意见时，他总是激情澎湃地辩论一番，直说得对方无话可说为止。从中，A感觉自己很会处理人际关系，与同事就是一家人一样。同时感觉老同事们也是没什么了不起的，就是比自己早来了一两年而已，有些业务方面甚至不如自己，自己的学历在单位内部也还是最高的。A与同事的关系越来越好，也渐渐放弃了当初来时的矜持，对同事的一些缺点的批评也是直截了当，甚至领导的一些错误也都当场指出来。然而，当同事们指出他的一些业务上的缺点或错误时，A则认为不是什么大事，只是自己考虑不周全而已，极少主动承认自己的错误，有时甚至会为自己辩解。在单位新接项目中，他也表现得非常强势，总热衷于发表自己的看法，提出自己的规划，极力说服领导和同事们接受。

与他同来的另一位同样高学历的B，则一直表现得不张扬，平时埋头做事。领导吩咐做什么，就做什么，而感觉向别人请教是一件丢人的事情，不喜欢请教同事。只有当领导指出其工作中的问题时，才去改，或者自己不知道怎么做了，才去请教他人。一开始，同事们对他还比较青睐，后来就渐渐感觉到，彼此间没有什么好交流的了，大家各做各的事情，平时同事们也就很少向他请教一些最新的业务知识与方法。

与A、B相比，C有很多的知识、能力要学，刚来单位时就感到了很大的压力。他希望自己的业务知识、能力能如A、B一样好，而待人接物上能如A一样游刃有余。于是，经常不断地就业务问题向包括A、B在内的所有同事请教，经常性

诚意的关注，最能打动人心。——伍亭孚

地聆听同事们的建议，有时还一再征求别人对自己的不足方面的指正，非常真挚向别人道谢，请同事讲述自己刚来时的经历等。C刚来和当业务比较忙的时候，同事们对此感觉有些烦心。然而，时间长了，看到C那么认真，主动求教，同事们也都变得非常愿意帮助他，有时共同探讨某些业务问题，甚至都还主动愿意讲述自己刚来时是怎么适应过来的，自己现在的一些生活情况、一些公司内部情况、一些八卦消息等。再到后来，同事们甚至都主动关心C的各种境况，喜欢了解他的一些经历，要他讲述自己了解的一些有意思的事情。

就这样，时间过得飞快。一转眼，半年实习期过了，单位决定对三人是否录用。最后，领导和同事们一致同意最先录用C。B也获得了录用，而A则一致被拒绝了。

哥伦比亚大学校长白托勒说："专门思索自己，不把别人放在眼里的人，简直是一头笨猪，永无可救；任凭他受过怎样高深教育也没用。"如果你想获得别人的青睐，如果你想学习说话的技巧，就首先要学会如何倾听别人说话。你应该常常地问别人感兴趣的事，特别是他成功的经过。无论是谁，对于自己的事和问题，总是远较别人的事和问题更关心。很多时候，我们并非真正需要一个来解决问题的人，而是想把心中的积郁倾吐出来。愤怒的顾客，不满意的职工，以及决裂了的朋友，当他们发牢骚时，所需要的，也只限于一副耳朵罢了。虚下心来听别人说话，并设法使他说个痛快，就会赢得别人的尊重。

如果你愿意与人疏远，暗下里遭人白眼，那你只需在与人谈话中，捂住两耳专讲自己的话就行。很多名人也往往如此，他们只知道自己，没有别人，觉得自己比任何人都要高一等。这是一种严重的自我觉知的偏差。结果，我们甚至疏远了自己的朋友、亲人。我们也常常看到，很多商店，不惜花重金去刊登广告、装饰门面，但内部雇员却个个出言粗劣，既不肯耐心静听顾客的意见，更用恶言讽语将顾客气走，无怪他们的生意将永无起色。哈佛大学校长亦勒特说："经商的人，在谈话时最要紧的是倾听对方的话语，这是博人欢心的最有效的方法。"

一滴的蜜可以捉住很多苍蝇，但是一加仑的毒汁，却不能捉到一个苍蝇。
——希腊格言

那么，你又是否热衷为你的朋友、同事暂时出租一下你的耳朵呢？

（姜　斌）

人微言不一定轻

一只亚马孙河流域热带雨林中的蝴蝶，偶尔扇动几下翅膀，就可能在两周后引起美国得克萨斯州的一场龙卷风。很多人可能会不相信这个事实。美国气象学家洛伦兹则认为："一件表面看来毫无关联、非常细小的事情，有可能带来巨大的改变。"蝴蝶翅膀的运动导致其身边空气发生变化，并引起微弱气流的产生，而微弱气流的产生，又会引起它四周空气或其他系统产生相应的变化，由此引起连锁反应，最终导致天气系统的极大变化。那你相信断了一枚钉子，会亡掉一个国家吗？也有很多人不会相信。而"断了一枚钉子，可能掉了一只蹄铁；掉了一只蹄铁，则可能折了一匹战马；折了一匹战马，摔了一位将军；摔了一位将军，吃了一场败仗；吃了一场败仗，亡了一个国家……"

战国时期，中山君宴请属下，其中有个叫司马子期的人，据说是一个非常要面子的人。在这个宴会上，最好的一道菜要属羊羹了。但由于准备不足，等上到司马子期这里的时候就没有了。谁知就因为这个，中山君得罪了司马子期。司马子期认为中山君没瞧得起他。因此感到羞愤难忍，为此他跑到楚国劝说楚昭王攻打中山。

中山国亡，中山君狼狈出逃，只有两个人还持戈跟随在后面。中山君问他们："事到如今，你们为什么还跟随我呢？"两人回答道："我们父亲在快要饿死的时候，是您施与了一盒饭给

即便将我关在果核里，我也自以为是宇宙之上。生活不至于那么沉重，如果你肯稍稍放下自我，

——莎士比亚

他。后来，父亲临终时对我们兄弟说：‘中山国将来有祸事，你们一定要为之赴汤蹈火！’所以我们今日不惜以死来报答您。”

中山君听到这里，仰天长叹一声，极为感慨地说：“看来，给予别人，不在乎多少，却在于其适逢危难；和别人结怨，也不在乎事情大小，而在于伤害人的自尊。一道菜可以使一个国家灭亡，一盒饭却使人赴汤蹈火，可见小事不可大意。”

一颗雪球可能引发一场雪崩，一根火柴可以点燃整个森林。这些说的都是如果对一个微小的纰漏（关键性纰漏）不以为然或听任发展，就会给社会带来非常大的危害。而相反，一切美善，借着一个小小的用心，则可以带来奇妙的连锁反应。

还有一个故事讲的是某机关内，气氛死气沉沉。上午、下午上班时间，大家寒暄之后，常常一张报纸、一杯茶就过去了，生活相对悠闲，然而却特别乏味。大家也都想改变一下，然而却也不知道怎么改变，这似乎形成了一种习惯。就像张爱玲所说的：“我们坐在生硬的椅子上，在打着瞌睡。虽然很难受，嘴里在抱怨着，可还是迷迷糊糊睡着了。”

某日，机关内来了一个新的员工。大家在寒暄欢迎之后，像平常一样各忙各的去了。新员工感到很委屈，似乎别人不怎么欢迎自己。但是也没有办法，只好在自己的办公桌上看了一天的报纸以打发时间，艰难地熬到了下班的时间。

第二天，年轻人还是一大早就去机关上班了。他先是把整个机关的卫生打扫了一下，把桌、柜等擦了一遍，把每人桌上的报纸等物品都摆放整齐。当同事陆续到达的时候，他都热情地跟每一个人打招呼，似乎想把幸福的声音传递给每一个人。一开始，大家都很不适应，感觉怪怪的，后报之以微笑，有些人甚至不知所措。

其后，年轻人仍旧每天一大早上班，打扫一下卫生，整理一下东西，热情地和每一个人打招呼，就这样一天天过去了。

也不知从何时起，机关内的所有人见面之后，都渐渐变得热情了起来，开始谈论彼此的生活、社会的各种事情，以及最新的时政消息。每天总有人在扫地，擦桌、柜；再后来，在年轻人的提议下，大家开始主动地帮助机关联系事务，走访居民

没有什么东西一开始就是伟大的，一点点愚昧，也能败坏智慧与尊荣。——莎士比亚

小区，帮助困难群众。整个机关在群众眼中的形象变得越来越好，大家都觉得机关人员办事非常务实、高效，因而当碰到难解决的问题时，都愿意找机关同志来解决。整个机关从此再也没有死气沉沉的感觉，到处弥漫着一种祥和之气。机关内的每个人都是高高兴兴的来，高高兴兴的回去。虽然，现在工作有时会比较累，大家反而却感觉到比以前更加幸福。

因为一个人的关系，改变了机关内的环境氛围，而这些影响如同水池中的涟漪，逐渐扩散出去，逐渐改变了整个大环境——家庭、社会。因此，在平时的交往中，也许一句不经心的话、一个小小的举动，就可以改变这个社会。请相信，每个人都是重要的，也都是极其宝贵的。

每个刚学一种新技能的孩子，刚开始学一种新知识的学生，刚开始踏入社会的成年人，刚步入工作岗位的员工，在他们迈出的下一步中，总是既充满了激情，同时也非常的紧张。多给他们一些鼓励，多给他们一些赞扬，多给他们一些热情吧！相信他们能做得更好！每个人也都需要别人的认可、鼓励与赞扬！我们自己又何尝不需要这种热情呢？

古训有曰：“勿以恶小而为之，勿以善小而不为。”如果一个亲切的问候，一个善意的微笑能产生意想不到的美妙效果，为什么我们要吝惜这么微小的一个举动呢？“与人鲜花，手有余香。”“良言一句三冬暖，恶语相向六月寒。”既然批评、责骂不能够解决问题，为什么不多去肯定、赞美你的同事、员工、老板呢？若此，或许你不仅收获绩效，还可以收服人心。人微言不一定轻，关键看你是否找对了开启对方心扉、开启成功之门的那一把钥匙。

（姜　斌）

微乎其微的优异，往往会带来胜利。——达尔文

1+1=2；1+1>2；1+1<1

有句俗语说：“多个朋友多条路，少个冤家少堵

墙。”那么是否意味着要把“冤家”结成朋友呢？生活中，有些人为了朋友义气而自己把牢底坐穿；有些人在事业顶峰时，宾朋满天下，而一朝落魄，则树倒猢狲散；还有很多人，多年的朋友反而变得不如陌生人……

有这么一个故事，讲的是在某地有两片果园A和B，A果园连年都能获得大丰收，而且果大个匀、汁满肉厚、酸甜可口。每到春夏季节，吸引不少外乡人到果园里参观学习，探讨一些管理果树的技巧和门径。到了秋收时节，各色采购人更是纷至沓来。而B果园紧邻着A果园，每年收得要比A果园多很多，然而大部分果子都比较小，味道也不怎么可口。以致秋收时节也往往很少有采购人问津，就连偷摘果子的人都宁愿摘A果园的果子，而不愿意摘B果园的果子。

这时，管理B果园的人怀疑自己果园的品种不好，于是选了上等的果子品种来栽种。然而，到了该结果的季节，结出的果子仍旧是小而难吃。管理B果园的人怀疑是不是自己照料不够细心，于是经常地给果园浇水、施肥、锄草、打农药……然而每到秋收的季节，结出的果子仍旧是又小又涩又难吃。管理B果园的人就感觉到很奇怪了，一样的风水，一样的品种，几乎一样的管理，别人种的果子又大又甜，而自己为什么种的果子又小又难吃呢？百思不得其解之后，他诚心诚意地去向管理A果园的人请教。管理A果园的人在静静听完他的倾诉后，说：“你跟我到我的果园一块看看，好吗？”

他们一块到了果园，只见管理A果园的人手里握着一把前边像鹰嘴、后面带弹簧的大剪刀，在果树间走来走去，并不停地随手剪断一些嫩绿细长的枝条，有的上面甚至还缀着含苞待放的花蕾。在他走过的地方，只要他大剪一挥，地上总是落满枝条，管理B果园的人禁不住问他：“你剪掉这些枝条做什么？有些都开出了花蕾，多可惜啊！倘若这些枝条不被剪掉，不是可以结出更多的果子吗？”

“这就是：为什么我果园里面的果子长得更加硕大鲜美。”

称赞对温暖人类灵魂而言，就像阳光一样，没有它，我们就无法成长开花。但是我们大多数的人，只是善于躲避别人的冷言冷语，却吝啬于把赞许的温暖阳光给予别人。

——美·心理学家 杰丝·雷耳

管理A果园的人笑着对管理B果园的人说："要想让果树更好地结果，你就必须把它的旁枝及时地剪掉，以便让果树有限的营养去供那些经选择而留下的枝条吸收。只有这样，果树才能丰收。""而每逢春、夏、秋三个季节，我总要修理一下果树的枝条，这样果子才能吸收到果树供给的、足够的营养，长得才能丰硕。有时候，并非多多而益善！"

社会上的人也有好坏之分，这时，我们就要尽量减少与那些不该交往的人接触，及时清除社交圈里的不良因素。同时，每个人的时间和精力又都是有限的，在此方面耗得多一些，在彼方面耗得就会少一些。如果把有限的时间和精力平摊到每一个熟悉的人身上或每一件工作上，就会严重降低效率，甚至拖后腿，形成尾大不掉的麻烦。然而，有些老好人先生却是非常热情地给这人帮忙，给那人帮忙，到最后往往谁的忙都没帮彻底，大家相互埋怨，自己则空劳累一场。本来好事，都变成了坏事。也有很多的老板，总是对自己的员工的工作不放心，这也叮嘱，那也操心，结果问题纰漏反而比什么都不说时更多。

社会需要分工，一个人不可能做所有的事情。即便个人尝试去做，也往往会因为时间、精力、知识、技能、经验等的限制处理得更糟。为此，每个人都该了解自己的能力、时间、精力有多少，不要勉强去做超出自己能力范围之外的事情。这就是为什么，当刘邦问韩信自己（刘邦）将兵能将多少？韩信说："几千人足矣。"当问及韩信能将多少兵呢？言："多多益善。"刘邦不悦，韩信言语一转，道："臣善将兵，然则陛下善将将！"

一般情况下，我们知道1+1总是等于2。当两个人孤立地去做各自的事情，他们最后的效率往往就是两个人效率的简单加和。然而，也有很多情况下，1+1会大于2，同事间、朋友间、邻里间等的互帮互助，其力量就会大于简单的个人力量之和，这就是为什么原始人类要集体生活才能生存下去。就像萧伯纳所说："一个苹果加一个苹果，是两个苹果；然而一个思想加一个思想，则可能从中诞生出第三种思想。"还有些情况下，1+1小于2，甚至小于1；这种现象在生活中，也比比皆是，领导干部间相互推诿，同事间相互掣肘……两个人、多

你能够成就什么事业，就在于你青年时期做了什么梦。——鲁迅

个人联合的力量反而不如单个人单干。

在我们这个特别讲究人情的社会里，同学是朋友，老乡是朋友，同事是朋友，同行是朋友，甚至见过一面的陌生人也称为我们的朋友。人生不能没有朋友，每个人也都需要朋友，然而，朋友多了，却并不意味着，路就一定好走！朋友有时会影响到我们的整个人生，交友不慎、花费过多时间用来应付朋友间的交际、需求，反而可能让自己疲惫不已，甚至可能处于危险的悬崖边上。古训曰：“近朱者赤，近墨者黑。”“近贤者聪，近愚者痴。”因而，慎重地选择朋友，谨慎地对待朋友吧！就像种果园一样，为了果子的更大更甜，时时需要剪掉一些累赘与侧枝。

（姜　斌）

别让感觉欺骗了你

人究竟是理性的，还是非理性的？这一直是困扰人类思想的难题。直到 2002 年，诺贝尔经济学奖获得者丹尼尔·卡尼曼才给了我们一个明确的答案：人是有限理性的动物，经常会被“框架”、情感、感觉等所左右影响，而并非我们所一直坚信的完全理性或完全感性。因而，在认识自己和别人的时候，或多或少总戴着“有色眼镜”在识人、用人。

1957 年，美国心理学家陆钦斯进行了一个著名的实验。陆钦斯设计了四篇不同的短文，分别描写一位名叫吉姆的人。第一篇文章整篇都把吉姆描述成一个非常开朗友好的人；第二篇文章前半段把吉姆描述得开朗友好，后半段则描述得孤僻而不友好；第三篇与第二篇相反，前半段说吉姆孤僻不友好，后半段却说他开朗友好；第四篇文章全篇将吉姆描述得孤僻而不友好。陆钦斯请四个组的被试者分别读这四篇文章，然后在一

重以得之，轻必失之。——《吕览·慎行览·无义》

个量表上评估吉姆为人到底友不友好。

结果发现，读第一篇文章的人，78%的人认为吉姆友好热情；而读第二篇文章的人仅有18%的人认为吉姆友好而外向，大部分人认为吉姆是孤独的；读第三篇文章的人，95%的认为吉姆友好而外向；读第四篇文章的人，仅有3%的人认为吉姆友好。第二篇和第三篇文章内容几乎相同，只不过在先说什么，后说什么方面，作了些调换，为什么会造成这么大的差异呢？开朗友好在先，评估为友好者为78%，而在后则降到了18%。

这表明，输入信息的先后次序不同，产生的效果可能也就不同，这就是心理学上著名的首因效应或称第一印象。心理学家的研究发现，初识某个人时，我们关于对方的第一感觉或第一印象在几秒钟就已经形成，进而决定我们是否会喜欢对方，是否愿意与对方保持联系、继续交流。因而，现实的人际交往活动中，给你的老板、同事、朋友，甚至陌生人留下美好的第一印象是非常重要的，这甚至决定了你事业上的成败，很多名人传记中都谈到：一个细节甚至决定人的命运。这一小小的细节，就是给别人留下的第一印象。社会上每个人都难免受到首因效应的影响。在介绍自己或别人时，一般先说优点再说缺点，要比先说缺点再说优点效果要好很多。心态上不断肯定自己的行为，在交往中，尽量展示给别人自己好的一面、成功的一面。人最先获得的信息，易形成一定的思维定势，介绍次序的不同，往往使人产生主次不同的感觉。

陆钦斯用另外一种方式重复了上述的经典实验：让被试者先阅读一段关于吉姆性格的材料，接着做数学题或者听历史故事，然后再阅读第二段材料。实验结果则与前述实验正好相反，被试者更多地根据后阅读的那段材料来评判吉姆的性格。而开朗友好在先评估为友好者的人数比例，显著低于开朗友好在后评估为友好者的人数比例。这就是近因效应，即在交往过程中，最近或最后的印象对人们的认识的影响。

心理学研究表明，在人与人的交往中，交往的初期，即还处于生疏阶段时，首因效应的影响最重要；而在交往的后期，

君子不急断，不意使，以为乱源。——《说苑·杂言》

就是在彼此已经相当熟悉的时期，近因效应的影响就变得更加重要。

近因效应往往发生在经常接触、长期共事的人之间，彼此之间往往都将对方的最后一次印象作为认识和评价的依据，并常常使彼此的人际交往和人际关系发生质和量的变化。近因效应对人际关系，特别是友谊产生的影响极其微妙。轻者闹一番别扭，彼此不愉快；重者还能酿成悲剧，断送友情。同事、朋友之间的负性近因效应大多产生于交往中遇到与愿望背离、愿望不遂，或感到自己受委屈、善意被误解时，其情绪多为激情状态。在激情状态下，人们对自己行为的控制能力和对周围事务的理解能力，都会有一定程度的降低，容易说错话，做错事，产生不良效果。因此，凡事须加忍让，防止激化。待心平气和时，彼此再理论，明辨是非，更不可报复对方。不可因突然做了一件好事就对一贯表现不好的人刮目相看，或者因为突然犯了一个错误就将一贯表现好的人打入另册。

不仅我们在与人交往中，会有感觉的偏差。甚至在没开始交往前，一种刻板的印象就可能已经印刻在我们头脑中，如人们通常认为：山东人是豪爽不羁的，江浙人是温和细腻的；商人是精明世故的，学者是清高脱俗的；美国人民主、天真，法国人热情、浪漫，日本人善模仿、有野心，苏联人唯物、残酷；男性独立、果敢，女性温柔、贤淑，等等。这种刻板的印象渗透了文化的影响力，往往也会影响到我们的待人接物行为。如我们更愿意和符合我们意向的人交往，而一般讨厌不符合我们评价标准的人和事。

我们同样也可以积极地改善首因效应、近因效应、刻板印象，进行印象管理与整饰，自觉地调整自己感知的偏差。例如，莉儿·朗帝在《10秒钟使自己不同凡响》中写道："和人打交道时不要立刻微笑，那样会使人觉得，每个进入你视线的人都是你微笑的对象。你应该首先先注视对方一秒，停一下，把他的脸输入脑子里。然后展开又大又温暖的笑容，让笑扩散到整个脸庞，连眼里也充满笑意。这种笑容仿佛会将对方吸入温暖的水流中。如此不到一秒钟的延迟，会让对方觉得你的笑

子曰：「德不孤，必有邻。」——《论语》

容十分真挚，而且是他们独有的待遇。”

（姜　斌）

一半工作，一半生活

“鱼与熊掌，真的不可兼得吗？为了追求成功，工作与生活之间的均衡，必须成为祭品？这是一个迷失。”在这繁华而精彩的世界里，有多少人的人生是平静而单调的，又有多少人是愿意躺着看别人成功？也许，有人工作时忘记生活，生活时也忘记工作，但也有一种人是工作时忘了生活，生活时记着工作，这种人被称为“工作狂”，当然还有第三种人是工作并生活着。

追求杰出的事业与领导，前提是要自我管理（self-mastery）生活上的各种抉择。不论层级高低，每个管理者都应该自问：“我的生活均衡吗？”不要让各种需求和琐事把自己淹没，否则，将沦为周遭需求的“人质”，把痛苦带给亲人、员工与自己，甚至导致不堪后果。勇敢掌握自我，追求有品质的生活。

曾经有一位在纽约任教的老师想通过告诉她的学生他们是如何重要，来表达对他们的赞许。她决定采用这样一种做法：将学生逐一叫到讲台上，然后告诉大家这位同学对整个班级和对她的重要性，再给每人一条蓝色缎带，上面以金色的字写着：“我是重要的。”

之后，那位老师想做一个大型的研究，来看看这样的行动对一个社区会造成什么样的影响。她给每个学生3个缎带别针，教他们出去给别人施与相同的感谢仪式，然后观察所产生的结果，一个星期后回到班级报告。

其中，班上一个男孩子跑到邻近的公司找到了一位年轻的

日知其所亡，月无忘于其所能，可谓好学也矣。——《论语》

主管，因为他曾经指导他完成生活规划。那个男孩子将一条蓝色缎带别在他的衬衫上，并且再多给了 2 个别针，接着解释道："我们正在做一项研究，我们必须出去把蓝色缎带送给我们感谢尊敬的人。此外，再给你们多余的别针，让你们也能向别人进行相同的感谢仪式。下次请告诉我，这么做所产生的结果，好吗？"

过了几天，这位年轻主管去看他的老板。从某些角度而言，他的老板是个易怒、不易相处的同事，但极富才华。他向老板表示十分仰慕他的创造天分，老板听了十分惊讶。这个年轻主管接着要求他接受蓝色缎带，并允许他帮他别上。一脸吃惊的老板爽快地答应了。那年轻人将缎带别在老板外套、心脏正上方的位置，并将所剩的别针送给他，然后问他："您是否能帮我个忙？把这缎带也送给您所感谢的人。这是一个男孩子送我的，他正在进行一项研究。他们想让这个感谢的仪式延续下去，看看对大家会产生什么样的效果？"

那天晚上，那位老板回到家中，坐在 14 岁儿子的身旁，告诉他："今天发生了一件不可思议的事。在办公室的时候，有一个年轻的同事告诉我，他十分仰慕我的创造天分，还送我一条蓝色缎带。想想看，他认为我的创造天分如此值得尊敬，甚至将印有'我是重要的'的缎带别在我的夹克上，还多送我一个别针，让我能送给自己感谢尊敬的人。当我今晚开车回家时，就开始思索要把别针送给谁呢？我想到了你，你就是我要感谢的人。这些日子以来，我回到家里并没有花许多精力来照顾你、陪你，我真是感到惭愧。有时我会因你的学习成绩不够好，房间太过脏乱而对你大吼大叫。但今晚，我只想坐在这儿，让你知道你对我有多重要，除了你妈妈之外，你是我一生中最重要的人。好孩子，我爱你！"

他的孩子听了十分惊讶，他开始呜咽啜泣，最后哭得无法自制，身体一直颤抖。他看着父亲，泪流满面地说："爸，我原本计划明天要自杀，我以为你根本不爱我，现在我想那已经没有必要了。"

那么，请回想一下，在我们自己的生活中，有多少次，我

动则变，变则化。——《中庸》

们为了工作舍弃了生活，舍弃了与朋友谈天论道，舍弃了在父母前尽孝道的机会，舍弃了对子女的关怀、教育，舍弃了正常的夫妻生活，甚至舍弃了自身的健康……

工作和生活是一个人最重要的两件事，两者相辅相成，互相作用。生活中的快乐带到工作中，之后工作就会有动力、有激情；生活中的不愉快带到工作中，之后工作就会变得枯燥乏味没有乐趣。为什么我们的工作中会有那么多不如意，生活中会有那么多伤害？为什么已经没有战争，我们却感到比战争时的人们更多无奈？为什么有些人会更加顺利？这些都是有道理的。为什么有些时候我们会很不幸？这也是有来由的。现代社会，由于各方面的压力，人们往往不能很好地平衡他们之间的关系，工作入侵了生活，导致“两败俱伤”。由工作、生活冲突导致的家庭问题，子女教育问题也日渐突出，而这几年来，“英年早逝”的事件在各地屡有发生，“过劳死”已经离我们的生活不再遥远。如何在工作和生活间找到一个安全的落脚点，成为大家迫切想得到解答的问题。

每个人都想拥有平衡的生活，但是，在繁忙的现代社会中，工作常常占据了生活太多的空间，有各种各样的问题困扰着我们。人的生命价值用什么来度量？工作的业绩、丰厚的薪金、豪华的别墅、高级的轿车，这些已成为现代人不惜一切代价所追求的目标。然而，生命的精华，对于每个人都是不同的，农民在烈日下辛勤地劳动，母亲用甘甜的乳汁和无夜的睡眠来量度生命。究竟是令人羡慕的工作重要，还是拥有一个幸福美满的生活重要？孰是孰非，不是能简单回答的，所以要在心里放一个跷跷板，保持内心的平衡，才能保持工作与生活的平衡。懂得把握平衡原则的人在多么紧张工作的情况下，都知道该怎样调节自己的生活节奏和工作状态，怎么体味生活中的情调和趣味，保持一种从容和风度。态度决定一切，内心因素决定外在表现，始终保持一颗平常心、平衡心，才能够使事业蒸蒸日上，也能让生活快快乐乐。

（姜　斌）

使民有时，而用之有节，则民无厉疾。
——《补粥子七则·成王问》

完美与现实

——保持良好的心态、一颗宽容的心、完美之痛

俗语道：人生不如意者十有八九。相处很久的朋友，可能因为点点小事，变成了敌人，和别人一起算计你；而一个小小的矛盾冲突，可能使得同事之间关系僵化；一个失误，可能让领导对你不再信任；经常的加班，则让妻子对你积怨颇深；而整天的忙忙碌碌，整天的勤奋工作，回报的也许满意，也许差强人意……那么，现代人，你到底在追求什么？在内心深处，你可曾问过自己？如果问过，你满意自己的回答吗？该如何克服心灵深处的混乱，追求内心平静的境地呢？很多具有完美倾向的个体，整日行色匆匆，人前春风满面，然而夜深人静时，谁又能体味他们的苦楚。

有这么一个故事：

有一天，素有森林之王之称的狮子，来到了天神面前：“我很感谢你赐给我如此雄壮威武的体格、如此强大无比的力气，让我有足够的能力统治这整座森林。”

天神听了，微笑地问：“但是这不是你今天来找我的目的吧！看起来你似乎为了某事而困扰呢！”

狮子轻轻吼了一声，说：“天神真是了解我啊！我今天来的确是有事相求。因为尽管我的能力再好，但是每天鸡鸣的时候，我总是会被鸡鸣声给吓醒。神啊！祈求您，再赐给我一个力量，让我不再被鸡鸣声给吓醒吧！”

天神笑道：“你去找大象吧，它会给你一个满意的答复的。”

狮子兴冲冲地跑到湖边找大象，还没见到大象，就听到大

人在逆境里比在顺境里更能坚强不屈，遭厄运时比交好运时更容易保全身心。——雨果

象跺脚所发出的“砰砰”响声。

狮子加速地跑向大象，却看到大象正气呼呼地直跺脚。

狮子问大象：“你干吗发这么大的脾气？”

大象拼命摇晃着大耳朵，吼着：“有只讨厌的小蚊子，总想钻进我的耳朵里，害得我都快痒死了。”

狮子离开了大象，心里暗自想着：“原来体型这么巨大的大象，还会怕那么瘦小的蚊子，那我还有什么好抱怨呢？毕竟鸡鸣也不过一天一次，而蚊子却是无时无刻不骚扰着大象。这样想来，我可比它幸运多了。”

狮子一边走，一边回头看着仍在跺脚的大象，心想：“天神要我来看看大象的情况，应该就是想告诉我，谁都会遇上麻烦事，而它并无法帮助所有人。既然如此，那我只好靠自己了！反正以后只要鸡鸣时，我就当做鸡是在提醒我该起床了，如此一想，鸡鸣声对我还算是有益处呢？”

温馨提示：在人生的路上，无论我们走得多么顺利，但只要稍微遇上一些不顺的事，就会习惯性地抱怨老天亏待我们，进而祈求老天赐给我们更多的力量，帮助我们渡过难关。但实际上，老天是最公平的，就像它对狮子和大象一样，每个困境都有其存在的正面价值。

然而，就像那只狮子奈何不了鸡鸣声一样，生活中总有很多事情是我们无可奈何的。可能你与绝大部分的同事都相处得非常融洽，但就是有一两个人会老在挑你的毛刺；可能你成功完成了很多的项目，老板都没在意，而当你搞砸了一个项目，反而引起了老板对你的抱怨；可能就因为缺少一个你认为无足轻重的指标，使你错失提拔晋升的机会；可能你非常讨厌某一个人，却还要和他共事……

此时，你该怎么办呢？保持一颗平常、乐观、宽容的心吧！每个人都有自己独特的一面，对于“刺头”人物，就要善用自己的智慧，把他们和其余人团结起来，减少组织内的矛盾冲突，发挥他们的作用，而“刺头”往往也是锋芒毕露的结果。“家家都有本难念的经。”不要太专注于自己家的“经”，而无视了别人家的“经”。成功时，不妨往前看，而失败时，不妨往后看。一山还比一山高，比我们优秀的，大有人在，比我们落魄的，更不在少数。何必对万事苛求尽善尽美，对他人求全责备呢？

身居高位，肩负重任本是件好事。然而，有些时候，有些人总认为事情离了他不可，别人做的总不完美，以致事无巨细，均必躬亲，好像对任何事情都不放心，任何事情都必须他亲自操办才可靠，权力也很少下放。这也是一种追求完美倾向的表现，自己反被自己所累。

松下公司的创始人，“经营之神”松下幸之助在他60岁的时候，由于过度工作而病倒，医生建议他放下工作静养数月，他马上表示反对：“静养？你知道每天有多少事务在等着我处理吗？你知道我们公司养活着多少员工吗？我怎么有时间休息！”

医生没有反驳他，只是带他来到一间教堂的墓地里，指着一个个墓碑说：“你迟早也会像他们一样躺在这里，你去世后，公司马上会产生新的董事长，所有人都会一如既往地继续工作。你的身体只是属于你自己的，地球不会因为谁而停止转动。”松下幸之助沉默了，回去之后，他很快作出了一个惊人的决定，在他的事业正处于巅峰状态的时候宣布退休。

你我都不是地球之长，没有人独力承担着天下苍生的命运，在你想对别人负责之前，先对自己的身体负责，对自己的生命负责，对自己的生活负责，不要等失去了才珍惜，到垂死了才想到挣扎。

很多艺术家曾为维纳斯设计过双臂，到如今却没有人能够去接受它。其实，缺陷也是一种美。尽管我们在尽力地缩小完美与现实的距离，但是，完美与现实之间永远存在着遗憾。也许我们真的应该去学会接受现实，一个并不完美，存在遗憾的现实，一个属于我们的现实，不算完美，但依然美丽的现实！

（姜　斌）

德莫高于博爱下，而政莫高于博利下。

——《新书·修正语上》

有了“老婆”忘了“娘”?

“不患寡，而患不均”是非常敏感的一个人际问题。当前，我国社会正处于经济转型时期，机关、企业不仅面临着转制的问题，还面临职工的新老交替。在这个过程中，一碗水该如何端平呢？这就需要在实际工作中兼顾效率和公平。只有这样，在机关、企业深处困境而引入新生骨干时，才能够较好地协调新老体系员工的利益与公平感，避免机关、企业内部的矛盾和效率的降低。

甲君早期在一街道小厂上班时，结拜了A君和B君两位兄弟。后来辞职一同下海创业，成立了公司，投资生产和销售抽油烟机。发展了五六年后，也算小有名气。但是由于抽油烟机行业竞争激烈，公司惨淡经营。

为了维护企业的生存，甲君不得不压缩开支，甚至依靠降薪来节约成本，员工怨声四起，一些骨干相继跳槽离开，而留下来的是那些最初跟随老板打拼过来、对老板和企业非常有感情的人。虽然他们专业理论水平偏低，但是实战经验丰富，是公司当之无愧的元老。

为了能生存下去，甲君决定走技术更新的道路——聘请了国际上非常前卫的空气动力学专家——莱曼先生，成立了研发工程师小组。结合中国市场，经过不懈的奋斗，产品研制终于有了突破。公司的二次创业算是顺利开始。然而甲君又面临了新的问题：

第一，给了专家莱曼先生较高工资，同时在新注册的科技公司给了他20%的股份。这在A君、B君二人和其他高层中引起了巨大反响——请专家是必要的，但没必要给如此高待遇。

第二，研制阶段聘请的工程师工资也非常高，但他们纪律性不强，给企业管理带来一定困难。因此，原来体系的人对新

意莫高于爱民，行莫厚于乐民。
——《晏子春秋·内篇向下》

人极为不满，处处与新人为难。而新体系的人也处处埋怨老体系的人不配合。

同时，销售经理王强，多年来为公司发展立下了汗马功劳。甲君几次提议想把王强吸收为股东，但A君、B君二人极力反对，说王强不是创始股东，不该吸收进来。继而，甲君提议给王强涨工资，A君、B君也不同意，认为王强作为中层经理，工资已经高于同级，再涨工资会打乱整个薪酬体系。

对此，甲君是左右为难，百思不得其解：如何协调新老人之间的关系？如何处理好公平和效率的和谐问题？既要保持体系正常运转，又要保证新产品的快速试制，投放市场，同时不再让人才流失。要不然，公司的发展问题没有解决，反而生存问题日趋严峻，有可能加速企业的灭亡。

无奈之下，甲君找到了某咨询公司。在咨询公司的建议下，开始了制度改革之路。甲君首先积极做A君、B君等元老级人物的思想工作，动之以情，晓之以理。高度评价了他们对公司的创立、发展所作的贡献，适机点清楚年轻、优秀的科技、管理高级人才对公司和个人发展的意义，以及其中的利害关系（唇亡齿寒）。希望他们能增加自己手中所持有的股份，利用多余资金去投资基金、证券、股票等其他项目，不要把鸡蛋放在一个篮子里。同时，升任他们为公司的管理咨询顾问等职，其拥有对公司高层经理的提名、任免权等，从而使其放弃自己在公司的管理权职位，放手让年轻人去做。

在成功说服了A君、B君等元老级人物后，甲君和这些元老级人物共同制定了公司的统一的、严格的、有竞争力的考核机制。把其中优秀的年轻人放到了重要的科研、管理岗位上，公司职员的工资、福利等与公司效益直接挂钩，使每个人都从公司发展中得到实惠，但是却又必须更加努力的工作来维持公司的长远发展和个人的长远利益。

就这样，既处理了新老员工的矛盾，留住了人才，也保持了公司的稳定，并促进了公司的长远发展，公司的业绩更是蒸蒸日上。

机关、企事业单位中不可避免会有新老职员的交替，此

治国之道，上忠于主，而中敬其士，而下爱其民。
——《补粥子七则·成王问》

时，往往会触动老职员的利益，招致他们的反对。这就像“婆媳”之间的矛盾一样，“婆婆认为儿子‘有了媳妇忘记娘’，而媳妇则认为丈夫为了老娘，而忘记了作为妻子的感受”。结果“婆说婆有理，妻说妻有理”，使“丈夫”夹在中间左右为难。

通常为了组织的生存与发展，不能不引进高、精、尖的科研、管理人才。然则，老职员尽管可能会在新的知识、技能、信息上落伍于新职员，但其经验丰富，资历较高，简单的罢黜，于情于理也都是不合适的。而且新职员也能从老职员的发展中，看到自己的前途与未来，这无疑会影响新职员的激情与抱负。所以，处理好新老职员的问题是机关、企事业单位发展战略中的一个重要的问题。处理不好，不仅会影响新老职员的积极性，而且更容易引发内部矛盾与纷争，破坏组织的外部形象，威胁组织的生存与发展。

新老员工的矛盾问题，从某种程度上讲，是效率和公平之间的矛盾问题。公平和效率是一对孪生兄弟，如何解决则因企业的发展阶段、企业的特点采取不同的策略。基本的原则是效率优先，兼顾公平。这个时候，就需要管理者明白其中的利害关系，做好新老员工的协调工作，使双方均从中受益。此外，还有一些元老不完全是为了钱的满足，还为了荣誉。因此，除了钱以外，还应该给他们一些“政治荣誉”，让他们在面子上保持荣誉。

此外，每个人的需求都是不一样的，如经济的、情感的、精神的、文化的等。解决矛盾的关键是如何满足不同的需求，以使整体的效益最大化。如何既当“好丈夫”，又当“好儿子”，是每个人都必须面临的考验：“母亲”辛辛苦苦把我们拉扯大，不容易，其中经历风风雨雨；“妻子”更是要陪我们度过后半生的风雨；而总有一天，我们也要为人“父母”。所以，你想你的“孩子”将来怎么待你，就该怎么待你的“母亲”，而你想你的“妻子”怎样待你的话，就该那样去待你的“妻子”。

没有永远的朋友，也没有永远的敌人，只有永远的利益。

——丘吉尔

（姜　斌）

一山不容二虎?

俗语道:火车跑得快,全靠车头带。在各种企事业单位的火车上,大大小小的领导层就是“车头”的角色。而领导层往往是一个较为特殊的层次,领导层之间本是同事关系,但对于下级而言,又作为上级出现。所以,领导与领导之间的关系融洽与否,直接影响到工作和下级工作人员的情绪,影响到他们的心理气氛,以致影响到他们之间的关系。

但有人说:“一山不容二虎。”还有故事讲:“一个和尚担水喝,两个和尚抬水喝,三个和尚没水喝。”那么,怎样才能更有效地协调好领导人之间的微妙关系呢?尤其针对两个一把手:一个是党务领导,一个是业务领导。又该怎么做呢?

有一部电视剧叫《乔厂长上任记》,讲的是:陕西某地的一家国有大中型企业因为管理不善,经营不良,每年入不敷出,公司面临倒闭的边缘。在这种情况下,上级部门撤销了原厂长,准备另选或另派一位厂长。

究竟是另选还是另派好呢?牵扯到不同的利益冲突,这不仅在上级机关中引起了争论,在公司内部也吵得热火朝天。原企业的管理层希望能够另选,而原企业的员工则希望另派一位有德有才的厂长。上级部门在充分听取了各方意见,考虑再三后,最终决定委派一位厂长,就这样,乔厂长上任了。

刚进入工作岗位不久,乔厂长就敏锐地觉察到,多年来陈旧的企业管理方法和人与人之间的不正常关系是捆住公司手脚的两条绳子。于是,他按自己的构想进行大胆地改革。然而,这改革却触动了以宋书记为首的党委领导的利益,而且乔厂长刚上任与党委领导的关系比较疏远,这使得他们处处与他掣肘,并好几次让他难堪。碰了几次壁后,乔厂长深知,单靠自

欲知则问,欲能则学。——《尸子·处道》

己的一意孤行是不可能改变公司的形势，他必须团结好以宋书记为首的党委领导层。所谓传帮接带，必须有传、有帮、有接、有带，而自己却是势单力孤。

明白了其中的利害关系后，他开始主动找宋书记沟通交流，经常性去拜访宋书记，就厂里的问题虚心地请教宋书记，与宋书记共画未来公司发展的蓝图，私下和公开场合高度评价宋书记多年来对公司所作的贡献……一系列频繁而友好的接触，逐渐打破了其中的隔膜。起初，宋书记还以为对方别有用心，后来渐渐发现对方对己竟是如此的诚挚，没有丝毫的不敬与看不起，遂不禁为自己的私心而感到惭愧。很快，他们也就结为了非常要好的朋友。

就这样，通过党委书记，乔厂长也顺利地赢得了整个党委领导层的支持：精神上提供支持，困难时提供帮助，失误时给予提示……有了这个坚强的支柱作后盾，乔厂长开始大刀阔斧地进行他的改革。虽然，不可避免地会伤及部分领导层人员的利益，但有两大领导共同支撑，为的是全公司所有人的利益，谁又能有多少怨言呢？

在改革的过程中，乔厂长总是把责任包揽在自己的身上，而把功劳推给宋书记，这进一步赢得了宋书记的尊重与感激，强化了两人之间的关系。而党委领导层也更加坚定地支持乔厂长的工作，竭力维护乔厂长的威信，及时帮助乔厂长处理善后的事宜，演绎出一部现代的“将相和”。

虽然说：人心难测，人心隔肚皮。但是，将心比心，我们怎么对待别人，别人也就会怎样对待我们。作为领导人更不能因为工作上的特点，而忽视了与他人的情感联系。业务领导与党委书记作为两个一把手，彼此间更应该交换意见，交流思想，而相互不通气就不能做到相互理解，也就不可能得到应有的支持。尤其是在遇到不很内行而又缺乏个性修养的书记、领导时，更不能以轻视或粗暴的态度去相处。失去身边同志在思想感情上的合作，工作上的合作会有许多困难。最好的办法是以诚相见，相互取长补短，共同提高。而整个工厂、部门的人都看这两方面的领导，他们的关系融洽与否，会给大家带来心

贤者以其昭昭，使人昭昭。——《孟子·尽心》

理、情绪上的极大影响。因此，双方发生意见分歧时，最好通过互相交换意见来取得一致，应尽量避免使矛盾公开化，或当众争执。即使暂时不能取得一致，也应以大局为重，从长远利益出发，保留意见，而不是各执己见，造成工作困难。

心理上的相容，是共同工作的基础，而做到很好的合作，又取决于双方的修养，无论是谁，只要真正懂得这一点，就会自觉地向对方靠拢，那么他们的合作关系，必定是令人羡慕的。如刘伯承和邓小平亲密合作的故事就是这样的典范。一个是军政委，一个是总指挥；一个举轻若重，一个举重若轻；两人相得益彰，引为知己，26 年如一日。

一般而言，每个领导都有自己分内的工作，有各自明确的分工和职权范围。而不适当的涉足别人的“领地”，常会伤害别人的感情，这是每个领导都忌讳的。而领导也是人，也都非常喜欢别人的赞美，咄咄逼人则给人造成情绪上的压力和反感；业务领导更切忌因为自己了解情况，自恃是内行而忽视了与党委的通气，独断专行很容易造成工作上的很多意想不到的麻烦，还伤害彼此的感情。

人与人之间的支持与信任，理解是基础。我们的事业是共同的，单枪匹马、孤军奋战很难取得成功，有了失误，大家主动承担责任，宽容、谅解而不是推诿、指责；取得成功，大家共同分享快乐，总结经验。有了这种相互支持、相互信赖的关系，任何困难和障碍都不难排除。

（姜　斌）

别拿自己当干部

人不可无傲骨，但不能有傲气。生活中见面寒暄，我们一般会习惯化地介绍说：“这是某某某领导”或“这是某某某经理”、“这是某某专家”。这似乎成了我们身份的标签，荣誉的象征，然而，如果真的就

独学而无友，则孤陋而寡闻。
——《说苑·建本》

此当了真，而端起了某某某领导或经理、专家的架子，反而会惹起别人莫大的厌烦。领导为人做事一定要谦虚、放下身段，千万不能一叶障目而不见森林，更不要瞧不起人。枪打出头的鸟，出头的椽子先烂。我们一定要把目光放长远些，“放长线，才能钓大鱼”。

让我们看下面的一个例子。

某小企业董事长王某长期承包那些大公司的工程，对这些公司的重要人物常施以小恩小惠，这位董事长的交际方式的过人之处是：不仅奉承公司要人，对年轻的职员也殷勤款待。作为一个企业的董事长无论如何也算是比较有身份、有地位，能够主动如此下士地对待他人在当今社会仍然比较少见，这自然也就很容易赢得别人的尊重与信任。

然而，这位董事长也并非无的放矢。事前，他总是想方设法将大公司中各员工的学历、人际关系、工作能力和业绩做一次全面的调查和了解，如果认为这个人大有可为，以后会成为该公司的要员时，不管他有多年轻，都放下身段，尽心款待，这位董事长这样做是为日后获得更多利益而作准备。他明白，十个欠他人情债的人当中至少有九个会给他带来意想不到的收益，他现在做的亏本生意，日后会利滚利地收回。而对于其余的升迁前途比较小的人，他也同样表现得谦逊有礼，加以笼络。从来不因为自己是个董事长，就看不起这些人。他深知，即便有些员工以后成不了大公司的要员，但也有可能给自己带来潜在的收益，如介绍优质的客户等，更何况，他能把自己公司的信誉、美名传播出去，相当于做了一张无形的广告。更有甚者，避免了“众口铄金、积毁销骨”对公司所产生的潜在威胁。

所以，尤其当自己所看中的某位年轻职员晋升为科长时，他会立即跑去庆祝，赠送礼物。年轻的科长自然备受感动，无形之中产生了感恩图报的意识。而王董事长却说：“我们公司有今日，完全是靠贵公司的抬举，因此，我向你这位优秀的职

交友需胜己，似我不如无。——民间谚语

员表示谢意，也是应该的。”每逢传统的节日、个人生日，他也总会给公司的各层领导送些比较便宜但是非常精巧的节日礼品，使人感到非常的温馨，从而不断地加深彼此的友情。

这样，当有朝一日这些职员晋升至处长、经理等要职时，还会记着这位董事长的恩惠。因此，在生意竞争十分激烈的时期，许多承包商倒闭的倒闭，破产的破产，而这位董事长的公司却仍旧生意兴隆，其主要原因就是他平常关系投资多，能放下身段结交对自己以后发展有益的人，事实证明，这些人也确实有力地推动了他的业务、公司的发展。

“山外有山，人外有人，一山还比一山高。”无论如何都不能轻视、看不起别人，“得罪一人等于得罪百人”，我们不得不深思。生活在一个复杂的社会中，没有任何一个人不需要别人的帮助。然而，一个人的态度往往会影响到别人的行为反应。平常待人接物以傲慢态度相应，会使人感到威胁，自吹自擂会使人产生不信任，从而严重影响到人际圈关系。

鲁迅先生曾经说：“如果有一天，劳工做了监工，他会比资本家选择的监工还要苛刻，对待劳工更加的恶毒。”在我们生活中所见的成功人士，往往都保持着“谦虚谨慎，不骄不躁”的作风，大智而若愚。然而那些小人或者刚刚发展比较好的人，却处处表现得似乎很牛，很看不起别人，更听不进去一丝的批评与教育。这样的人往往很难交到知心的朋友，他们的事业也往往很难做大，所谓一瓶子不满，半瓶子晃荡。

因而，为人处事须把眼光放长远一些，放长线，钓大鱼。同时防止急功近利，在一个人需要的时候，去提供给他力所能及的帮助，往往更能收获人心。雪中送炭、雨中送伞会比你平时的大恩大惠都令人感动，而记忆深刻。每个人都有面子，每个人都要面子，给别人面子，也就能从别人那里赢得自己的面子。己所不欲，勿施于人，你希望别人怎么对你，就首先怎么对待别人吧！每个人都是很重要的，然而缺了任何一个人，地球都照样转，“别拿自己当干部”。

（姜　斌）

一个人要么掌握很好的专业技能，要么掌握在生活中无孔不入的本领。这两者都是生财之道。
——亚·索尔仁尼琴季节

不长眼色，自讨没趣

"出门观天色，进门看脸色。"观天色可推知阴晴雨雪，携带行具，以免日晒雨淋。看脸色，便可知其情绪。表情色彩不同，其情绪也不同。人生在世往往有很多的忌讳，如果你在无意之中触动了人的忌讳，就会在无形之中得罪了对方。所以我们说，无论说话办事，一定要长眼色，眼观六路，耳听八方，能说别人喜欢的最好，即便不能投其所好，也千万不要说人家不愿听的。

汉代的汉武帝，青年时励精图治，做过不少大事，而且好强心很重，曾不顾国力状况，多次大举对匈奴用兵，解除了匈奴对大汉的威胁，但也由此导致国库空虚、民不聊生。而到了晚年，好强的脾气不仅没有改，而且由于年纪大了，又产生了一个怪脾气——忌讳人家说老。如果有谁说老，他轻则不高兴，重则让对方触霉头。所以，左右的臣子们知道他这个心理，一般情况下都尽量回避。

有一次，他带一群皇妃们去湖中垂钓，不一会儿，鱼竿一动，汉武帝连忙举起钓竿，只见钩上钓着一只老鳖，心中好不欢喜。谁知刚刚拉出水面，只听"扑通"一声，鳖却脱钩掉到水里又跑掉了，汉武帝长吁短叹，连叫可惜。在汉武帝身旁陪同的皇后见状连忙安慰说："看样子，这是只老鳖，老得没牙了，所以衔不住钩子了。"

话没落地，旁边一个年轻的妃子却忍不住大笑起来，而且一边笑，一边不住地拿眼睛看着汉武帝。汉武帝见了不由得龙颜大怒，他认为皇后是言者无心，而那妃子则是笑者有意，是含沙射影，笑他没有牙齿，老而无用了。于是将那妃子打入冷宫，终身不得复出。

为什么皇后在说话时明显说到"老"字，而汉武帝没有怪

不患无位，患所以立；不患莫己知，求为可知也。
——《论语·里仁篇》

罪她，而妃子只是笑一笑，汉武帝却怪罪她呢？首先是汉武帝的忌讳心理，他不服老，忌讳别人说他老。这实际上也反映了老年人的一种普遍的心态，由于上了年纪，在体力和精力上都有所下降，但又不肯承认这个现实，而且也希望人们在客观上否认这个现实，故而一旦有人涉及这个话题，心理上就承受不了。再者皇后与妃子同皇上的感情距离不同。汉武帝与皇后的感情距离更近一些，他产生的是积极的联想，所以从字面上去理解，知道皇后是一片好心的安慰。而妃子虽然没有说话，只是笑了笑，但是她是在皇后的基础上故意引申，是把那只逃掉了的老鳖比作了皇上，是对皇上的鄙视，因而是大不敬。所以，同样的问题，同样的环境，由于不同的人物，不同的理解便引出不同的结果来。正所谓说者无心，听者有意，实际上究其原因，还是那妃子没有眼色的缘故。

俗话说："不打勤的，不打懒的，专打不长眼的。"生活中，人没有眼色是个大问题。因为你也许不知哪时就会得罪了人。不仅员工与领导、老板在一起时要注意说话办事的眼色问题，即便同事、领导人之间也同样要注意察言观色。每个人都有自己的弱点，都有自己的痛处，而明知道这些，为要小聪明，还要触"龙鳞"的话，真的就是自讨没趣了。

三国时期的杨修就因为不明此理而被杀。杨修本是一个聪明绝顶、极有才华的人，非常善于揣度曹操的心思。这样的人本该重用，成为左膀右臂。然而，却由于他缺少自知之明，不断在众人面前卖弄这种小聪明，甚至在曹操面前要小聪明，从而日益引起曹操的厌恶，自己却浑然不知，最终为此赔上了性命。可以说，这种要小聪明的人，往往只知其一，不知其二，稍知一些，便去卖弄，故而招嫌。而真正聪慧者，往往是大智若愚，大巧若讷之人，他们掩住锋芒，洞若观火，进，则可拿取，退，则可保身。即便拍马，也应不惊马。

在现实生活中，要不说错话，最主要的还是：逢人便说好话，说套话，说吉利喜庆话，这已是社会司空见惯的风气。鲁迅先生曾讲过一个故事，说：任何一个婴儿从他呱呱坠地之时起，就已注定了最后必定死亡，但在小孩做"三朝酒"、"满月

子曰："危邦不入，乱邦不居。天下有道则见，无道则隐。"——《论语》

宴”、“周岁贺”时，所有的宾客无一例外都只会说“长命百岁”、“吉庆一生”的祝贺话语，而决不会说“这个孩子老了必死”之类的言辞，尽管后者更是大实话，是千真万确的真理，但仍然是不会有人说的。不要为了图一时快活，要一时的小聪明，而使自己陷入人际的死角。善于观察，善于发力，你就不会感觉到做人之难，反之，不长眼色，只能自讨没趣。

（姜　斌）

私人空间与共同领域

人与人的交往，必然涉及私人空间的问题。人与人之间的尊严是需要由双方来共同维护的。在日常的人际交往中，非但不能冒昧地进入，甚至压根就应该对他人的隐蔽不感兴趣，这是现代文明人的重要素质之一，是与人共处的重要原则。就像进自己的家不必敲门，进别人的家则必须敲门，必须征得人家同意才能进入一样，私人空间是不能随意闯入的。

曾有这么一个故事：A君和B君在同一家公司上班，两人关系非常的好，在工作上，经常能够互帮互助，生活上两人也经常相互照顾。

但忽然有一天上班时间，A君需要用到以前自己买的一本非常重要的书，但却发现那本书不在自己的书桌上。他想自己是不是放错地方了，自己老有忘事的习惯。然而，他把自己的办公桌上上下下都翻了个遍，仍未找到那本书。任凭自己怎么回想，都想不起来自己最后一次把书放在什么地方了，对此，他怪自己的记性实在是太差了。

于是，急匆匆地下班回到家，他又开始仔仔细细地把自己的家里翻了个遍。然而，也没有发现那本书。对此，他感到非常的郁闷：“难道那本书会飞了不成。”不得已，自己去老远的

人有所优，固有所劣；人有所工，固有所拙。——《论衡·书解篇》

书店又买了一本。

然而，过了两天，B君笑嘻嘻地拿着他那本一直急着找寻的书说："对不起，前段日子我拿了你这本书来看。一忙，就忘记了跟你说声了，没打扰你用吧？真的很抱歉。我刚看完，现在还给你。非常感谢！"当时，A君气得鼻子都歪了，没有好气地说："什么意思你，即便是朋友，也要分清你的和我的，拿人家的东西，首先就要跟人家说声，不要那么随便，这是素质问题！"本来B君也是心平气和的，但一听这话，顿时恼火，道："不就是一本破书吗？有这么重要吗？都是朋友，有必要那么客气吗？我的书，你也可以任意拿用，我也不会说什么！就为了一本书，跟我翻脸？有病啊？"

……

就这样，两人闹得不欢而散。后来，在老板和众同事的劝说下，两人都意识到自己的问题，关系才又恢复如初。

而再后来，A君由于业务突出，被提拔为部门负责人。伙伴们为A君感到高兴，见面时照常口无遮拦地直呼其名，甚至直呼其雅号。

不久，B君等朋友们就发现，A君在逐渐疏远他们，彼此之间似乎有了一层看不见的幕，他们感到很失望，认为A君很不够意思，"当了领导，端起了架子"。而就在众人与A君的关系日趋冷淡之时，恰逢科研项目遇到了困难，A君又及时地给了大家很大的帮助，与大家有说有笑，似乎很平易近人。究竟该怎样评价这位原来的同事，现在的领导呢？包括B君在内的人困惑不已了……

钱钟书先生曾经说过："每个人都像刺猬一样，彼此挨得很近，不是你擦着我的皮，就是我刺着你的肉。"朋友之间、同事之间，尤其上下级之间，都要有一定的距离。我们要时刻告诫自己，约束自己，在文明举止和人生格调上提升自己，以免自己无意识地跨入他人空间。而对于部门领导来说，遇到对自己知根知底的部下是件非常尴尬的事情，而如果那个人还是个大嘴巴，则更难以处理彼此的关系。

即便是朋友之间、亲人之间的交往，也都应保持适当的距

哪怕是对自己一点小小的克制，也会使人变得强而有力。
——高尔基

离，别人与自己总有分别。心理学的研究发现，每个个体在人群中的空间领地是有所界定的，一般情况下，不能突破4～12英（公）尺间距的界限，一旦突破了，则会有冒犯的感觉（此段距离被称为“社交距离”，1～4英（公）尺被称为“亲密距离”，12英（公）尺以上则称为“公众距离”）。过于亲密，反而因频繁的接触而失去吸引的动力，会因各自的缺点和短处显露无遗而失去吸引的魅力。

凡事还应把握好一个“公共领域”与“私人领域”的问题。每个个体都是独立的，拥有独立的生存权利、生活方式、个性意志；还有部分属于不可显露、不可告人的隐秘，以致每个个体都会本能地护卫着这个自我空间。因而，尊重别人就应该尊重别人的个人空间，谁也不喜欢别人挖自己的隐私，尤其与你的老板、上级相处，更不可触及他的隐私，这是最基本的尊重。上下级之间尤要保持一定的距离，否则上级就很容易失去权威，失去驾驭全局的能力。不要在公司内谈论私人生活，不要谈论自己或他人的过去以及隐蔽思想。即便你和别的同事的关系非常好，也不要频繁的亲密接触。工作期间，永远公正、公平、公开，不拉帮结派，最后还要谨记保守职场的秘密。

（姜　斌）

也许人就是这样，有了的东西不知道欣赏，没有的东西又一味追求。——海伦·凯勒

该说“不”时就说“不”

前几年春节联欢晚会上曾演出过这样一个小品：一个人为避免别人瞧不起自己，假装自己手眼通天，别人求他办事，不管有多大困难一概来者不拒。为了帮助别人买两张卧铺票，不惜自己通宵排队，结果闹出了笑话……

也许艺术有所夸张，但生活中的确不乏这样的故事。许多人希望“左右逢源”，在生活中左右迎合，

做任何事情总想取悦所有的人，不善于拒绝别人。于是，经常违心地答应别人的要求，结果不仅浪费了大量时间，自己也经常觉得不自在。做好了，对方可能也并不怎么领情，而做不好，反而得罪了别人。因而，该说“不”时就说“不”，死要面子活受罪，决不要于心不忍。

启功先生是当代著名书法家、大学教授，又是前清皇室的亲戚，是一位炙手可热的大名人。因此，登门拜访的人总是接连不断，简直踏破了门槛。

直言不讳地说，到先生家的人虽多，但纯为探访而不有求于先生者却是非常罕见的。求的内容，大致有二：一是举办某某活动，欲请先生光临、捧场；二是求先生挥毫写字，用先生自己的话说则是，“将目的写成黑的”。其实，这都顺理成章，先生名头很大，在活动中一露脸，立即大群记者一拥而上，电视转播，报纸载文，举办者脸上贴光，知名度鹊起，有极高的社会效益；求字，一则：具有高度的艺术价值，挂于客厅中可临摹，可欣赏，可炫耀；二则，虽人人不会公开承认，但私下里一致认同，可卖大价钱，是为奇货可居，能获得可观的经济效益。

试想，如果对这些人一一照顾，个个给面子，老先生岂不是要累死？那些人个个是厚黑高手，全有一套死缠硬泡、登鼻子上脸的功夫，委婉地拒绝是不顶用的。因此，老先生时时对他们毫不客气，干脆“黑”起脸来，将其拒之门外。

一日，电话铃声忽然大作，启功先生正处理文稿，犹犹豫豫不想接，但打电话的人极有耐心，先生又恐是老朋友或公家部门打来，接了，一问对方姓名，并不认识。问何事，对方称先生曾为某书题签，现该书已出，欲明日亲自送来，先生当即说：“谢谢。不过这样的小事，你也不必跑了，通过邮局寄来即可。”对方不干，非要前来，称为探望。先生解释道：“我现在很忙，身体又不大好，你来我也无力接待，请原谅，书还是寄来吧。”对方不肯，先生索性挑破窗户纸，单刀直入，问：

只有希望而没有实践，只能在梦里收获。——罗尔斯

"你说，你还有什么事吧?"对方称，没事，就是看看先生。先生答道："你既然那么想看我，也行。我给你寄几张相片去，你可以从从容容地看。"此人仍不罢休。几个回合之后，先生被逼到了"墙角"，于是说："好吧，你明天何时来，说个点儿。认识不认识我这儿，就在大门口，你也不用进我的门，你不是就为了看我吗？咱俩就在门口对着看，你看我，我瞧你，你要是近视，戴上眼镜，我也戴上花镜，好好瞧瞧你。看半个钟头，够不够，若不够，看两个钟头也行。"对方听先生动怒，又拉出一张"虎皮"，说先生的某某老友也要同来。先生再一细问，对方又说先生的这位老友前些日子出差在外，不知明天能否回来。

先生气得不得了，干脆挂上了电话。

生活中，无论你是老板、领导，还是一般职员，总会遇到诸如此类的事情：你的上司可能让你去做一些超过你自己能力负荷的事情，你的同事可能求你帮些忙而占用你宝贵的时间，你的朋友可能经常性地需要求你帮忙，而陌生人也可能极力要巴结你，对你有所企求……此时，别害怕讲"不"字。"不好意思"，都是自己想的。即使，你能圆满地把事情处理好，如果需要耗用大量的时间和精力，也要"厚"起脸皮，考虑拒绝，千万不要"死要面子活受罪"。

想拒绝的事，很多人就因为同事、朋友、亲戚的关系而不好意思拒绝，于是借钱给别人、为他人作保，甚至冒险为其"两肋插刀"。结果一句"不好意思"，帮了别人，害了自己。

有些事情，即便勉强应承了下来，说不准，自己还会把事情搞砸。最后，反而落了个不好的名声。与其这样，还不如让他另请高明。也有很多的事例，就是由于没有办好朋友、同事、老板、领导等委托的事情，反而得罪了这些人。该拒绝时当拒绝，不仅保护了自己的权益，还保护了你的朋友、同事、上下级的友好关系。尤其是当领导的，在工作上，绝对不可以不拒绝"不好意思"的要求，否则将失去权威，被下属欺骗。当今世界，人人暴露欲望，个个展现实力，慢一步就没有了机会，因此，面临生存竞争，你应该认清"不好意思"的真相，

品德，应该高尚些；处世，应该坦率些；举止，应该礼貌些。——孟德斯鸠

大胆地表现你的想法，并采取必要的动作，否则你“不好意思”，别人反而笑你笨。

（姜　斌）

得理也要饶人

“人活一口气，佛烧一炷香”，往往成为劝勉他人不懈奋斗的话语。然而，很多的时候，该忍之时，还要能忍，“忍一时，风平浪静，退一步，海阔天空”。韩信能忍胯下之辱，而终成其事；张良能忍老者刁难，而卒获“至宝”。很多的时候，即便我们明明知道，道理就在自己这边，也要注意给别人留有面子，“得饶人处且饶人，让他三尺又何妨”。

欲成就大事，不仅要有宽广的胸怀，度量宽宏，更要注意不要伤及他人的自尊。一个人如果损失了金钱，还可以再赚回来，一旦自尊心受到伤害，就不是那么容易弥补了，甚至可能树立一个敌人。

幽默大师威尔·罗吉士曾说：“我从来没遇见过不喜欢的人。”那你呢？也和罗吉士一样，每天都开心地与人交往吗？还是一早起来，看见任何人、事、物都感到不快？

1898年冬天，威尔·罗吉士继承了一个牧场。有一天，他养的一头牛，为了偷吃玉米而冲破附近一户农家的篱笆，最后被农夫射杀死。依当地牧场的共同约定，农夫应该通知罗吉士本人，并说明原因，但是农夫却没有这样做。罗吉士知道这件事后，非常的生气，于是，决定带着佣人一起去找农夫理论。

此时，正值寒流来袭，他们走到一半，人与马车全都挂满了冰霜，两人也几乎都要冻僵了。好不容易抵达了木屋，农夫却不在家，农夫的妻子热情地邀请他们进屋等待。罗吉士进屋

君子敬而无失，与人恭而有礼。四海之内，皆兄弟也。——《论语》

取暖时，看见妇人十分消瘦憔悴，而且桌椅后还躲着五个瘦得像猴子一样的孩子。怜悯之情，油然而生！

不久，农夫回来了，妻子告诉他："他们可是顶着狂风严寒而来的。"罗吉士本想开口与农夫理论，忽然又打住了，只是伸出了手。农夫完全不知道罗吉士的来意，便开心地与他握手、拥抱，并热情邀请他们共进晚餐。这时，农夫满脸歉意地说："不好意思，委屈你们吃这些豆子，原本有牛肉可以吃的，但是，忽然刮起了风，还没准备好。"孩子们听见有牛肉可吃，高兴得眼睛都发亮了。

吃饭时，佣人一直等着罗吉士开口谈正事，以便处理杀牛的事情，但是，罗吉士看起来似乎忘记了此次前来的目的，只见他与这家人开心地有说有笑。饭后，天气仍然相当的差，农夫一定要两个人住下，等第二天天气转好些，再回去，于是罗吉士与佣人在那里过了一晚。

第二天早上，他们吃了一顿丰富的早餐后，就道谢，告辞回去了。在寒流中走了这么一趟，罗吉士对此行的目的却闭口不提。在回家的路上，佣人忍不住问他："我以为，你准备去为那头牛讨个公道呢！"罗吉士微笑着说："是啊，我本来是抱着这个念头的，但是，后来我又盘算了一下，决定不再追究了。你知道吗？我并没有白白失去一头牛啊！因为，我得到了一点人情味。毕竟，牛在任何时候都可以获得，然而人情味，却并不是很容易得到。"

生活中，大多数的人都在追求物质上的满足，表现在言行上，便是为了小事斤斤计较。然而，当物质需要得到满足之后，我们的心是否真的充实了？人与物之间是无从比较的，真正的无价，必定表现于无形，就像大师的雕刻作品，它的价值不在价格与实体上，而是创作者对作品付出的情感与附在作品身上的生命感悟。故事中的罗吉士，尽管失去了一头牛，却换得农夫一家人的笑容和幸福，以及难得遇见的人情味，这段经历，更让他懂得生命中哪些才是无价的。有道是，与人方便，自己方便。试想，如果有一日，罗吉士需要农夫的帮忙，他会不会提供热情的帮助呢？

子曰："唯仁者能好人，能恶人。"——《论语》

《韩非子》提出“巧诈，不如诚拙”，认为巧诈的作用，虽能逞一时之便，可一朝被人识破，换来的就是别人怀疑的眼光，彼此间互相猜忌，倒不如以近乎愚直的诚拙来待人处世，一时间他人或无法感受到那种诚意，但“路遥知马力，日久见人心”，经过长久的相处，必能获得他人极大的信赖。

现在的人，越来越强调个性，好胜心极强，常常把事做“绝”，表明自己的正确或胜利才罢手。如此，就会伤及感情。在一些小事小节上，你大可让朋友、同事、领导、老板等“赢”上一把，高高兴兴。不要自吹自擂，自己一味出风头、过把瘾，要抑制住自己的好胜心。否则，不仅得不到友情，反而会伤及他人的自尊心，甚至可能招致别人的忌恨。

（姜　斌）

以德报怨，换位认知，转变你的“敌人”

“牢骚太盛防肠断，风物常宜放眼量。”生活中，我们经常会听到某些人一个劲的抱怨这，抱怨那，在大声嚷嚷的反对××，然而自己却从不曾弄明白，上帝为什么待己如此不公？为什么总感觉自己是受害者呢？自己又在赞成什么呢？就像一位议员评价联合国会议大厅里的争吵一样：“我们知道‘他们’反对什么，然而，却不知道，‘他们’赞成什么。”

人际交往中，也是这样。如果某件事发生了，总有原因。有人喜欢你，有人讨厌你，有人嫉妒你，有人巴结你，有人中伤你，有人支持你……这些都是有原因的。树大必招风，树立“强敌”本是件坏事，然而，如果“强敌”能像牛虻一样，刺激“骏马”不断地去奔腾，却也未必不是件好事，没有比“强敌”更了解自己的弱点了。有时候，生活和工作中，我们则更需要或必须把“强敌”转化为朋友，才能成就更伟

子曰：“苟志于仁矣，无恶也。”——《论语》

大的事业。正所谓："海纳百川，有容乃大。"

要知道改变自己不容易，改变朋友也很难，而改变"强敌"则更难。拿破仑曾经说过："把不可能的事变成可能，这就是奇迹。"更何况，非常之难的事情，也不代表不可能。改变别人对你不好的印象，首先就需要你有宽广的胸怀，"宰相肚里能撑船"。还要以德报怨，以理服人，以情感人。最主要的是要学会"换位认知"，别人为什么那么看待你，自己身上是否存在这样的优点或缺点呢？如果你是那个人，你会不会像那个人一样对待"自己"？本杰明·富兰克林就运用这项原则，把一个刻薄的敌人变成了他一辈子的朋友。

在那个时候，富兰克林还是一个年轻人，他把所有的积蓄，都投资在一家小印刷厂里。他又想办法使自己获选为费城州议会的文书办事员。这样一来，他就可以获得为议会复印文件的工作。那样可以获利很多，因此，他当然不愿意失去文书办事员的职务。可是出现了一个不利的情况。议会中最有钱而又最能干的议员之一，却非常不喜欢富兰克林。他不但不喜欢富兰克林，还公开斥骂他。这种情形非常的危险，因此，富兰克林决心使对方喜欢他。

但是，怎样做呢？这是一个难题。给他的敌人一点点小惠？不可以，那样会引起他的疑心，甚至轻视。富兰克林太聪明了，不会弄出那样的窘境。他开始详细地了解他的"敌人"的性格、脾气秉性、爱好特点等，探究为什么"他"对自己这么"刻薄"？肯定是自己的某方面做得不够好。

在详细了解了其中情形之后，他采取了一个相反的办法，他去请求"敌人"来帮他一个小忙。富兰克林认识到：他所请求的事情必须令对方觉得非常的高兴，而且能够触动对方的虚荣心，使他觉得获得了尊重，巧妙地表示出富兰克林对对方的知识和成就的仰慕。

下面就是富兰克林自己叙述的经过："听说他的图书室里藏有一本非常稀奇而特殊的书，我就写给他一封便笺，表示我极欲一睹为快，请求他把那本书借给我几天，好让我仔细地阅读

无法度而任己，直意用人，必大失矣。——《说苑·君道》

一遍。”他马上叫人把那本书送来了。过了大约一个星期的时间，我把那本书还给他，还附上一封信，强烈地表示我的谢意。

“于是，下次当我们在议会里相遇的时候，他居然跟我打招呼（他以前从来就没有那样做过），并且极为有礼。自那以后，他随时乐意帮忙，于是我们变成很好的朋友，一直到他去世为止。”

由此可见，改变你的“敌人”也并不是一件非常难、不可以实现的事情，一件小事或许就能转变一个人，关键在于方法是否得当。如果富兰克林不了解情况，就给对方施以小恩、小惠，结果可能适得其反。而如果富兰克林没有以德报怨的广阔胸襟也很难转变他的“敌人”。

可以说，那位富有的参议员先生所在意的不是金钱，而是荣誉、尊重、身份、面子……而富兰克林在与其交往中可能无意间忽视了这个问题，从而造成了积怨。其实，现实生活中，谁又不在乎身份、面子，不在乎别人的尊重呢？伤人最深的往往是对人尊严的伤害，而忽视别人的存在等往往也是一种不尊重他人的表现。因而，转变你的“强敌”最重要的是要由衷地尊重他，尊重他的为人，尊重他的存在，释放你的善意。

富兰克林去世已经210多年，而他所运用的心理办法，也就是请求别人帮你忙的心理办法，可以说对我们现在都非常有效。他以德报怨，换位认知，转变“强敌”的做法仍值得我们好好学习。

（姜　斌）

嫉妒的毒蛇

在人类的各种心理中，在人际交往中，尤以嫉妒之心的影响最严重、最普遍。小嫉妒伤自身，大嫉妒则伤及他人、社会与国家。

能克己，乃能成己。
——《关尹子·九药》

1991年11月1日下午两点，全美空间物理研讨会在依阿华大学物理系报告厅举行。系主任尼克尔森宣布会议开始后，正凝神静听同行的发言，忽然觉得身旁有一阵响动，不经意扭头一瞥，一支黑洞洞的手枪正对准他的脑袋。他大惊失色，还未来得及喊出声来，枪声响起，他一头栽倒在血泊中。

报告厅里满座惊恐，来自北京的中国留学生卢刚手提冒着青烟的大口径手枪，神色沉稳地从旁听席上站起来，他又把枪口对准了他的导师戈茨教授、他的中国同学山林华博士，射出了罪恶的子弹。接着，卢刚一声不吭地走出了报告厅，一路小跑着奔向学校行政大楼，熟门熟路地冲进了分管学术事务的副校长的办公室，又朝这位极受人尊敬的克莉里女士开了一枪。随后，卢刚走向行政大楼的顶层，望着依阿华大学的一片绿树红瓦，结束了自己的生命。

短短10分钟，包括卢刚在内的中美第一流空间物理学精英殒灭了。消息传出，全美国震动了，全中国震动了，全世界为之惊骇。

其实，入学考试时，卢刚曾获得前所未有的高分而被称为“依阿华大学的博士之花”。为最终夺得博士论文学术荣誉奖，他坚持刻苦攻读。谁知，评比揭晓时，桂冠却戴在了中国同学山林华的头上。山林华出身于浙江农村，比卢刚入学晚。与卢刚身上的傲慢、偏执相比，他的朴实和坦诚不仅受到同学的欢迎，也深得导师的赏识。更让卢刚想不通的是，山林华获奖后，当即被校方聘为博士后研究生，自己却因为美国经济不景气，只能在物理系实验室打工。如此反差使他无地自容，他曾找导师、系主任和副校长申辩，却无济于事，愤愤之中产生了行凶的念头，最终酿成了一场悲剧。

荀子在《荀子·不苟》中说：“小人能则倨傲辟违以骄溢人；不能则妒忌怨诽以倾覆人。”培根在《论嫉妒》中更是声称：“嫉妒是一种卑劣下贱的情欲，因为它乃是一种属于恶魔的素质。”现实生活中，嫉妒更是普遍存在于一种更广泛、更经常的人际交往环境中的人心中。每个人心中或多或少都会有些嫉妒之欲，或嫉妒同学、朋友、同事、领导、富人，或嫉

恭敬而无实，君子不可虚拘。——《孟子》

财，或嫉能，或嫉貌，或嫉德……嫉妒之火的燃烧，则往往使人失去理智，做出伤害自身或者他人的行为。

嫉妒是一条毒蛇，是人心之大瘤。它比自私、自大、贪欲、短视、惰性、权势等阴暗心理都要严重，需要我们时时加以提防，处处加以正确引导与舒缓。古今众多的才俊人物都往往多毁于自己的嫉妒欲和他人的嫉妒欲之上，而只要存在着不平等，就会存在着嫉妒。嫉妒欲既损害彼此的感情，同时降低了工作的效率，破坏良好的人际关系氛围。

减少嫉妒，需要我们从情感上关心每一个人，关心别人的需求，维护相对的公平。同时，个人也应加强思想的修养，健全人格，不被嫉妒的毒蛇紧紧缠绕，时刻远离“惹不起”的“小人”。嫉妒，它小则误人，大则误国！

（姜　斌）

感情投资——学会赞美、学会感恩

有道是“良言一句三冬暖，恶语中伤六月寒”。要建立良好的人际关系，恰当地赞美别人，学会感恩是必不可少的。不管是任何尖酸刻薄、矫揉造作、故作威严或面无表情之人，哪怕是再无感情之人，只要一句恰如其分的赞美、感恩的话，都能使对方打心底里感到愉悦。

事实上，我们每个人都希望自己的工作被别人认可，自己的成就受到别人的赞美、仰慕、赏识，自己的恩情被别人铭记，自己的缺陷则被遗忘。而表示赞美、表达感恩则是非常容易的，不需要付出任何代价，而收益和报偿则往往是意想不到的，我们为什么还要吝啬呢？厚黑大学中，更是把“捧”作为联络感情的不二法宝。

无求备于一夫。——《尚书·郡东》

福特是美国石油大王洛克菲勒的好朋友。一次福特和洛克菲勒合资经商，因福特投资过大而失败，损失巨大。这使福特很过意不去，就主动解释说："太对不起了，那次损失太大了，我们损失了……"

想不到洛克菲勒若无其事地回答道："啊，你能做到那样已难能可贵了，这全靠你处理得当，才保存了剩余的60%，谢谢你！"

洛克菲勒在本该责备对方时，却宽容地原谅了对方，而且找出一些值得赞美的事情来，这真是出乎福特的意料。然而，正是洛克菲勒的这种胸襟为他以后的腾飞打下了坚实的基础。可以预期，未来他们的合作还将会更好。

美国的一位学者这样提醒人们：努力去发现你能对别人加以夸奖的极小事情，寻找你与之交往的那些人的优点，那些你能赞美的地方，要形成一种每天至少五次真诚地赞美别人的习惯，这样，你与别人的关系将会变得更加和睦。

美国著名作家马克·吐温曾经夸张地承认：一句美好的赞扬，能使他不吃不喝活上两个月。俄国文豪托尔斯泰则说："就是在最好的、最友善的、最单纯的人际关系中，称赞和表扬也是必要的，正如润滑剂对轮子是必要的，可以使轮子转得更快。"

如果说当面的赞美会让人感觉更加愉悦的话，无意的赞美或者通过第三方传达的赞美则往往会更让人感恩，更让人认为是出自真心，不带私人的动机。

《红楼梦》中有这样一段故事：有一次，贾宝玉因为史湘云、薛宝钗劝他为官作宦、入仕从政，便对史湘云、薛宝钗、袭人等赞美林黛玉道："林姑娘说过这些混账话吗？要是她也说过这些混账话，我早和她生分了。"碰巧，林黛玉这时候刚好来到窗外，无意中听见，使她"不觉又惊又喜、又悲又叹"。结果，宝黛互诉肺腑，感情大增。

在黛玉看来，宝玉在史湘云、薛宝钗、袭人等人面前独赞自己，而且不知道自己会听到，这种赞美是很难得的。倘若宝玉当着黛玉的面说这番话，好猜疑的林黛玉恐怕还会说，宝玉打趣她或想讨好她！

无论我们怎样辛苦图谋，我们的结果却早已有一种冥冥中的力量把它布置好了。

——莎士比亚

实际上，我们也会有这样的感觉。如果一个人对所有的人都赞扬、感恩，虽然被赞美者依然很高兴，但赞美者的赞美和感恩往往不足为信，也不被认为是真心的。相反，而轻易不赞美、感恩别人的人，突然有一天表达了对我们的赞美、感恩之情，我们则更相信对方是真心的，也更感激。同样，那些无论在公开场合，还是在私下场合，都对我们表达赞美、感恩之情的人，也更容易博得我们的信任与青睐。

而对于第一次见面的朋友、同事，最好的赞美莫过于一开始便记住别人的名字。这样，对方会感觉你更重视他，就会有种知己相遇恨晚的感觉，这便是心理学中所称为的“首因效应”或“第一印象”。

因而，与人为善，就要学会为感情投资，善于释放你的善意，真诚地表达你的赞美与感恩，这甚至可以转变你的“敌人”，成为一种化腐朽为神奇的力量。

（姜　斌）

不要被小利绊倒

小便宜占不得，蝇头小利也会绊倒人。在人际交往和办公室中千万不能因小失大，使自己栽跟头，摔得头破血流。贪小便宜吃大亏，这是人尽皆知的道理。可是生活中却总有那么一种人，看见一点儿小便宜便馋涎欲滴，却不知人见利而不见害，鱼见食而不见钩，结果小便宜没有占成，反而会害了自己。

曾有这么一个小故事：王力本是某政府部门的公务员，干了一段时间，感觉到工资太少，没什么意思，于是想下海经商。但自己本身又没有多少经验。于是，他打电话咨询一个前两年去沿海城市发展的同事。那同事听见他的情况后，立刻鼓动他说：“你到××地来吧，包你一年内赚大钱。”在此以前，

甘瓜抱苦蒂，美枣生荆棘；利旁有倚刀，贪人还自贼！——《古诗源》

他就听说在沿海城市赚钱非常的容易。听了非常要好的同事的鼓动，更没多想，辞去工作职位，就登上了南下的列车。

王力一下火车就感觉，沿海城市和内地城市非常不一样，到处气象非凡，灯红酒绿；想到自己要在这个城市打拼出一片天地，一颗心似乎都在为此躁动。下车不多久，他原来的那位同事兼朋友非常热情地欢迎他的到来，把他领进了自己住的地方，先安顿了下来。随后，带他游览整个城市。并慢慢给他介绍说，他现在正在从事一个美好的行业，不出一年就能赚到大钱，是个非常好的机会，现在还处于起步阶段，建议王力也去尝试一下。而本来就为赚大钱而来的王力，自然是很爽快地就答应了。

第二天，朋友就把王力带到了一个不起眼的小屋子里去学习行业知识，并不断地给他灌输那个行业是如何的如何的好的理念，信誓旦旦地说，只要一年多的时间就能做到百万富翁。此外，老乡还给他介绍了很多的朋友，告诉他，那些朋友工作也都非常好，做人非常成功，其中不乏高级的经理、职员、工程师等，如果以后创业，还可以寻求他们的帮助。

从没有接触过这方面知识的王力自然不知道那就是传销，因而也就非常容易地轻信了朋友的说辞。而看见那么多人都在听课，都在从事那个行业，自己朋友也在，心想应该很安全，不会出问题，自己肯定能够赚到大钱。

在那几天里，认识不认识他的每个人也都非常热情地对待他，经常在他耳边吹嘘他们所从事的行业种种好处。长期的耳濡目染，使他逐渐陷进了发大财的梦想里去了，开始寄希望于那个行业，实现自己赚大钱、盖房子、娶媳妇、过上富裕生活的愿望。就这样，稀里糊涂地交上了价格不菲的入会费，加入了所谓的“经销商”队伍，投资购买了一大堆公司的产品。

从那以后，王力就开始到处转悠着去发展下线，兜售产品。但转悠了好几天，也都一无所获。正当其一筹莫展之际，恰逢一个大学同学到了他所在的城市来发展，王力就想拉他做下线。而他的朋友则见多识广，一听就知道是干传销的勾当，便说：“我已经上了一次当了。”接着讲述了他在一位朋友的引诱下加入传销的事。最后不仅没圆发财梦，东挪西凑的巨额投

祸福无不自己求之者。——《孟子·公孙丑》

资也打了水漂。末了，他说："你已经被人骗了，就不要再骗别人了。"

王力这时才知道，自己由于贪小便宜，想天上掉馅饼，结果反而被朋友给骗了。于是，他回去找那个朋友理论，并埋怨他那么多年的朋友，竟然会欺骗自己。而那朋友则反说："都是你自愿的呀，没有人强迫你交钱。"王力真是哑巴吃黄连，有口难言……

我们生活的世界，往往充满了很多的诱惑。如果不能正确地自持，往往可能害人害己。有很多的人往往假以朋友、亲人、同事的关系，来引诱我们从事一些违法犯罪的事情，需要我们时刻的警惕。不少贪官纷纷落马的教训告诉我们，要拒绝外界的诱惑，不要被小利绊倒。须知，人的贪欲总是在不断膨胀的，今天受贿一点，明天也就无法把持得住，积少成多，当一种行为形成了习惯，就腐蚀形成我们本来的"我"。"君子之交淡如水"，不论你是老板、领导，还是一般职员，都尽量不要让友情沾染上任何的利益的阴影，否则不仅破坏了友情，也甚至会毁掉自己。

利与害总是密切相连，"智者千虑，必杂于利害"。因而，要辩证地看待利害，权衡利弊，趋利避害。决不能贪图小便宜，否则，最终往往必然为利所惑，成为"贪耳之悬鱼"。

（姜　斌）

香耳之下，必有悬鱼。——佚名

第三章　情绪智力

坏情绪有哪些不良影响
不良情绪怎样影响工作
领导者如何保持工作好情绪
领导者如何提高情绪成熟度
逆境中如何调控情绪
如何把激情传递给团队?
什么是企业的情绪资本
怎样提升自我情感管理能力
怎样通过有效情感管理来提升企业绩效

坏情绪有哪些不良影响

著名哲学家和心理学家詹姆斯认为：情绪是人被某种事物刺激后引起的心理反应。这种心理反应就是人的意识，实际上情绪的本质就是意识。意识是由存在决定的。随着外界环境的变化，人的情绪也在不停地变化。遇到可喜的事情，人会兴奋不已，欣喜若狂；遇到不如意的事情，人会伤心难过，甚至号啕大哭。试想，如果人们对外界的一切东西都失去敏感，没有喜怒哀乐点缀人生，将会是何等的枯燥乏味。情绪是人对客观事物的态度和体验，并伴有外部表现和生理反应。人们在现实生活中，任何活动都以情绪为背景，都伴随着情绪色彩或受到情绪的影响。因此，情绪的好坏直接影响着人们的工作和生活。

竞争激烈的时代，信息覆盖的社会，快节奏的工作效率使得形形色色的压力直逼人们脆弱的心理防线。在内外环境急剧变化的今天，每个人都要面对许多人和事的变化，都要受到各种各样的刺激和影响。俗话说："人非草木，孰能无情。"人的基本情绪可以分为四类：喜、怒、哀、惧。人的情绪是复杂多变的，如时而热情，时而冷漠；时而乐观，时而悲伤；时而紧张，时而松弛；时而开朗，时而忧郁。瑞士的阿尔卑斯山既拥有雄伟挺拔的顶峰，也有景色优美的山谷。同样，人的情绪也有顶峰和低谷。然而，在领导者的性格中，却不应该出现情绪的顶峰和低谷。管理者的情绪问题不但对自己的身心健康产生巨大伤害，使得高血压、冠心病等高发，而且还给企业带来了工作绩效降低、成本增加等无形损失。拥有良好稳定的情感自制力，是一个高效率的成功团队和它的领导者所应具备的素质。一个情绪敏感波动、性格反复无常的领导者，他领导的团队也会像过山车一般忽高忽低，表现时好时坏，极不稳定。

成功自是人权贵，
创业终由道力强。
——清·梁启超

不良情绪影响身心健康。当精神刺激因素超过人的承受限度，或长期反复刺激，便会引起中枢神经系统的失控，波及内脏功能紊乱，因而发生疾病，甚至会使脏器发生器质性病变。医学研究表明，不良情绪很容易使人体内的肾上腺素和其他内分泌激素急速上升，对身体造成损害：忧思过度会影响脾胃功能，出现胃脘胀满，不思饮食，腹痛腹泻；郁怒伤肝，可出现胸闷胁痛，头晕目眩，性躁易怒；大喜伤心，过于高兴，则会乐极生悲；而长期心情压抑、郁闷、生气又是诱发癌症的主要因素之一。临床试验还证明：当一个人大发雷霆时，体内会产生一种叫内啡呔的化学物质，取其少量血液，注入小老鼠体内，不久便会使其毙命。可见，极度恼怒、大发雷霆的偏激情绪，其危害更大。在一切对人不利的情绪影响中，最使人颓丧、患病和短命夭亡的就是不良情绪和恶劣心境。相反，心理平衡、笑对人生，特别有利于心身健康。所以有人说，自信而愉快是大半个生命，自卑和烦恼是大半个死亡。愉快的情感会使人健康，不容易患病，还会使患病者或危重病人得以康复，创造奇迹。

（李　慧）

不良情绪怎样影响工作

奥斯特瓦尔德是德国著名的化学家。有一天，他由于牙病发作，疼痛难忍，情绪很坏。走到书桌前，拿起一位不知名的青年寄来的稿件，粗粗看了一下，觉得满纸都是奇谈怪论，顺手就把这篇论文丢进了纸篓。几天以后，他的牙痛好了，情绪也好多了，那篇论文中的一些“奇谈怪论”又在他的脑海中闪现。于是，他急忙从纸篓里把它捡出来重读了一遍，结果发现这篇论文很有科学价值。在他为作者的新思路惊讶不已的同时，也为自己因情绪不好险些埋没了一篇天才的科学论文而懊悔。他马上写信给一家科学杂志，加以推荐。这篇论文发表后，轰动了学术界，该论文

温和比强暴更有希望获得成功。——拉封丹

的作者后来获得了诺贝尔奖。可以想象，如果奥斯特瓦尔德的情绪没有很快好转，那篇闪光的科学论文的命运就将在纸篓里结束了。

在每个人身上，随时都可能由不同心理活动引起不同的行为表现。它可以使你精神焕发、干劲倍增，也可以使你无精打采、委靡不振；它可以使你头脑清醒、冷静处理各种各样的问题，也可以使你暴躁忧虑、在冲动中做出后悔莫及的蠢事；它可以使你安详从容、坦然自若，也可以使你紧张慌乱、惴惴不安。

一般地说，当人们的需要、愿望得到满足时，就会产生积极、高昂的情绪；相反，当人们的需要、愿望得不到满足时，就会产生消极、低沉的情绪。不好的情绪会使人心情烦躁，常常拿手头上的事和身边的人发泄，往往把不该搞糟的事情搞糟。待情绪好转后，自己也觉得可笑而自责。

中国古人有怒时不作书之说，讲的就是情绪不好时不要给人写信，以免迁怒于人。西方也有类似的例子，比如，前文提到的奥斯特瓦尔德。同样，一个领导干部，如果遇有不良的情绪，而且又难以调节和控制时，此时处理工作，影响的不仅仅是个人的声誉和身体，而且会影响全局的事业。

情绪不良时，要暂时放弃做一些重要工作。据有关专家分析：当人发怒和情绪特别不好时，人体内肾上腺皮质激素分泌是正常人的五六倍，在这种情况下常常不冷静、判断失误。所以，当情绪不好时，最好不要急于做自己计划中的重要工作。因为心情不好，注意力不集中，积极性不高，做起事情来往往心不在焉，达不到预想的效果，有时还会把事情搞糟，把好事办砸。总之，在情绪不佳的情况下，应暂时放一放手中的重要工作，等待情绪好转时再处理，效果会好得多。

情绪不良时，控制自己的冲动是件非常不容易的事情，因为我们每个人的心中永远存在着理智与感情的斗争。如同所有的习惯一样，控制冲动也是一种经过训练而得到的能力。要具备这种能力，有两个基本方法：第一，你必须不断

伟大的作品不是靠力量，而是靠坚持来完成的。——蒙森

地分析你的行动可能带来的长期后果。第二，你必须不屈不挠地按照符合你的最大利益的决定而行动。在人生跑道上的长跑者，首先必须要有平和的心境，这样，步伐才能均匀、持续有力，否则必会导致中途力竭、前功尽弃。平和不是缓慢，而是均匀；不是松懈，而是稳健；不是无为，而是真正的有所作为的大前提。

（李　慧）

领导者如何保持工作好情绪

欧玛尔是英国历史上唯一留名至今的剑手。他有一个与他势均力敌的敌手，他同他斗了30年还不分胜负。在一次决斗中，敌手从马上摔下来，欧玛尔持剑跳到他身上，一秒钟内就可以杀死他。

但敌手这时做了一件事——向他脸上吐了一口唾沫。欧玛尔停住了，对敌手说："咱们明天再打吧。"敌手糊涂了。

欧玛尔说："30年来，我一直在修炼自己，让自己不带一点儿怒气作战，所以我才能长胜不败。刚才你吐我的瞬间我动了怒气，这时杀死你，我就再也找不到胜利的感觉了。所以，我们只有明天重新开始。"

这场争斗永远也不会开始了，因为那个敌手从此变成了他的学生，他也想学会不带一点儿怒气作战。

对每个领导者来讲，保持良好的情绪至关重要。我们要学会理智地控制情绪，用适当的方法转移和调节自己的不良情绪，"不带着怒气作战"。

情绪不良时，要转移注意力。科学研究表明，当一个人产生某种情绪时，头脑里就会出现一个较强的兴奋区。这时，如果另外建立一个或几个兴奋区，就可以抵消或冲淡这

在懦夫和犹豫不决者眼里，任何事情看上去都是不会成功的。——司各特

个较强的兴奋区。因此，当情绪激动时，为了使它不至于爆发或难以控制，就需要在大脑中建立另外的兴奋区去冲淡它，这时应有意识地转移兴奋点，或者做点别的感兴趣的事情，以分散和转移注意力。特别是遇到苦闷、烦恼时，不要一味沉浸其中，而要将注意力转移到有兴趣的活动中去，比如，可以去绘画、下棋、听音乐、看电视、玩游戏、阅读报纸等，还可多回忆自己感到最幸福、最高兴的事。如果有大的烦恼或悲伤，还可以外出旅游，散散心，从而把消极情绪调整转移到积极情绪上去，冲淡以致忘却烦恼，尽快回到自己的正常工作和生活中去。

情绪不良时，要合理排解。具体而言，一是倾诉。有了不良情绪，可以向家人、知心朋友诉说，发发牢骚，合理发泄。在适当场合也可哭一场。从科学的角度看，哭是一种有效的解除紧张、烦恼与痛苦的方法，尤其是对突如其来的打击所造成的高度紧张和极度痛苦，可以起缓解作用。二是运动。人在情绪低落时，往往不爱活动，越不活动，情绪越低落，形成恶性循环。事实证明，剧烈运动可以改变不良情绪。可以通过跑步、打球、干体力活等运动，把体内积聚的能量释放出来，使郁闷之气得到发泄。三是沐浴。有意识地去洗澡，重新打扮装饰自己一番，这样，可以使全身心处于放松、减压状态，不良情绪随之减轻或消失。

情绪不良时，要主动控制。人是有理智的。在陷入不良情绪的时候，应该运用理智这道“闸门”的作用，去控制不良情绪，并且尽力让情绪愉悦起来。一是自我暗示。如遇到突发事情感到紧张时，应告诫自己：“别着急，我有能力处理这件事!”二是自我激励。在遇到不良情绪时，要用“小不忍必乱大谋”，“退一步海阔天空”等激励的言语或办法，约束自己。三是将心比心。通过心理换位的方法控制情绪。与他人互换角色、位置，替别人想一想，来体验别人的情绪和思想，这样，有利于防止和消除不良情绪。

把握情绪，调节情绪，驾驭情绪，控制情绪，不要因不良情绪破坏了手中的大事，是需要引起领导干部注意的一个问

每种首创事业的成功，最要紧的还是所有当事人的基本训练。
——马明·西比利亚克

题。心态的修炼难于业务技能的修炼。发怒，一旦成为了习惯，会使人精神错乱，更谈不上“政绩斐然、社会和谐”了。

（李　慧）

领导者如何提高情绪成熟度

企业中，有两项最重要资产，知识为第一项，第二项是由感觉、信念、认知和价值观等隐性资源构成的“情绪资本”。英国管理学者汤姆森把情绪称做智力资本的燃料，认为情绪资本能为企业带来可观的财富，但若认识不当，情绪资本同样也可能会毁掉整个企业。

越来越多研究证明，情绪的确具有传染力。尤其是对企业来说，《史隆管理评论》指出，高层管理团队的情绪好坏，是左右企业成败的大关键。团队成员如果都拥有正面情绪，合作效果较佳。

畅销书《EQ》作者、情绪智商专家丹尼尔·高曼等指出，情绪领导正是让企业缔造出优异绩效的“隐形推手”。高曼等人花了两年时间，从最新的大脑神经学与心理学研究出发，综合多项企业主管领导模式的相关研究，归纳出领导者的情绪效应，“就像电会随着电线到处跑，情绪智商会在整个组织中蔓延”。有些领导为一些小事而突发大火，乱说话、乱摔东西，这是“情绪短路”的一种表现。用电短路会损坏电器，甚至酿成火灾；情绪短路，既伤害别人，也伤害自己，还影响了企业的绩效。

领导者的情绪成熟度（自我认知、共情等）与相关行为，不仅会影响其他人的情趣与行为，更与企业的绩效表现息息相关。暴躁严厉的领导者会让组织乌烟瘴气，员工变得消极、表现欠佳、无法掌握机会。相反地，正面乐观、鼓舞人心的领导者，则会让属下从比较正面的角度来追求目标，拥抱挑战，同时提高创意，改善决策效率。

君子贤而能容罢，知而能容愚，博而能容浅，粹而能容杂。
——《荀子》

以往，领导者的情绪效应很少被提出来探讨，高曼等人的研究却强调，情绪领导是每个领导者最根本的任务。在展开策略、预算与人事的规划之前，领导者必须面对的要务，是检查自己的情绪与行为如何影响组织，及如何做出改善。管理学者波亚契提出了五个步骤的改善过程，协助领导者进行自我发现与再造，从而成为更优秀的领导者。

（1）我想要变成什么样的人：尝试描绘“理想的自我”，例如，想象自己在八年后变为成功的领导者，拥有怎样的工作、生活与关系。

（2）现在的我是什么样的人：从别人的眼中，发现自己的领导风格。发掘真相并不容易，必须多方收集回馈信息（上司、同级与属下），尽量保持开放的心胸来面对批评。

（3）现实如何变成理想：针对现实与理想两种自我的落差，为自己拟定行动方案，进行改善。

（4）如何让改变持久：简单来说，就是要实践，做再做，才能使大脑网路产生质变，塑造出更富有情趣智商的行动来。

（5）谁来帮助我：情趣智商与领导模式的改善，务必要有其他人的协助才能见效。最好为自己创造一个支持团体，例如，利用主管培训课程中的学习小组，彼此建立互信，相互回馈，不断改善情绪领导的能力。

（李　慧）

逆境中如何调控情绪

拿破仑在一次与敌军作战时，遭遇了顽强的抵抗，队伍损失惨重，形势非常危险。拿破仑也因一时不慎掉入泥潭中，弄得满身泥巴，狼狈不堪。可此时的拿破仑浑然不顾，内心只有一个信念，那就是无论如何也要打赢这战斗。只听他大吼一声，“冲啊！”他手下的士兵见到他那副滑稽模样，忍不住都哈哈大笑

私去则情灭，色正则邪远。
——《忠经·观风章》

起来，但同时也被拿破仑的乐观自信所鼓舞。一时间，战士们群情激昂、奋勇当先，终于取得了战斗的最后胜利。

所谓逆境，简单地说就是指不顺利的境遇。人生在世，由于主客观方面的原因，不可避免地会遇到这样或那样的挫折和困难，不可能事事顺心如意。领导者因其社会地位、工作性质的不同，他们处于逆境中的情绪体验较之常人往往更为复杂。其中固然有愈挫愈奋、百折不挠等积极性反应，但更多的则表现为苦闷、彷徨、紧张、焦虑等消极性反应。领导者要实现对部属的理性领导，就必须及时有效地排除这些不良情绪，始终保持理智和情绪稳定，保持乐观积极的心态。

一般而言，领导者的消极情绪大多是在领导工作中产生的，情绪调控有两种主要方式，即组织调控和自我调控。下面主要介绍组织调控的方式方法。组织调控就是组织充分发挥自身的领导和协调功能，通过对领导者个人或其工作环境施加控制和影响来调节领导者的不良情绪。其方法主要有：

1. 思想开导法。就是组织以集体的形式或安排专人对领导者进行说服、规劝和鼓励，以解开其思想疙瘩。这种方法的有效性在于大大发挥了组织的集体优势，既有利于领导者思想问题的解决，又可以充分体现对领导者的关怀，能够极大地增强领导者战胜困难的信心和勇气。思想开导应多安慰少讥讽。领导者处于逆境时，最希望得到的是别人尤其是组织的理解，最忌听到的是一些冷言冷语。所以，无论是组织还是个人都要体谅领导者的处境和心态。“良言一句三冬暖”，此时组织的一丝安慰往往能点燃领导者心中的激情，使其重振昔日雄风。

2. 清洁身心法。即组织为处于消极心理状态中的领导者创造一定的环境和条件，使他们将自己心中的消极感受宣泄出来，以澄清思想，排除烦恼。处于逆境中的领导者，很希望向组织或自己比较亲密的人倾诉和宣泄一下心中的烦恼。这就需要组织及时地为他们创造这样的机会和条件。

自身不治，奚待于人？——《管子·权修》

3. 困境迁移法。即组织通过一定的方式使领导者摆脱原来的困境，不受其烦扰与纠缠，从而达到调节不良情绪的目的。可以从以下方面着手：一是目标替代。即在稳定领导者情绪的基础上，对原来的目标重新进行审视、分析和调整，使之更具科学性和可行性。二是环境调节。通过改变环境中的困难因素或者干脆换个新环境，让领导者在新的天地里重整旗鼓，再展雄风。

4. 矛盾意向法。就是以组织的名义迫使陷入逆境中的领导者去干他最害怕做的事情，以先发制人的方式克服对困难的预期焦虑，以便从容镇静地对付面临的局面。这一方法的心理学依据在于：当人面对某种挑战时，心理上越是担心害怕，行动上就越是畏缩不前，而这又会反过来加重这种恐惧的心理体验，从而造成恶性循环。矛盾意向法从增强人的自制力出发，通过从行动上强迫人迎难而上来达到消除心理障碍的目的。

（李 慧）

如何把激情传递给团队

通用电气公司董事会正式宣布：聘任杰克·韦尔奇担任通用电气公司总裁。一个重要原因是因为杰克·韦尔奇在通用集团的演讲打动了通用的管理高层。“激情分子”杰克·韦尔奇说：“我很激情。通过我的激情来感染我的团队，让我的团队也有激情，这才是我真正的激情所在。”

其身正不令而行。
——《新序·杂事第一》

为什么几个人做一个人的工作反而更忙？为什么合情合理地提升下属却惹来不必要的诸多事端？为什么公司制度越来越多，越来越健全，员工却不知道该如何完成自己的工作？……

在中国企业的诸多问题中，很多时候，最大的问题不是战略的问题，也不是决策的问题，而是员工缺乏激情。

用100%的激情做1%的事情，而不去计较它是多么的“微不足道”。凭借激情，员工不仅可以释放出潜在的巨大能量，而且可以培养执著的精神；凭借激情，员工可以把枯燥乏味的工作变得生动有趣，使自己充满活力，培养自己对事业的狂热追求；凭借激情，员工可以感染周围的同事，让他们理解你、支持你，拥有良好的人际关系；凭借激情，员工更可以获得老板的提拔和重用，赢得珍贵的成长和发展的机会。在许多公司中，激情管理就是利用员工的情绪，通过各种各样的方法将员工对工作的热爱激发出来，使之转化为能量，从而将员工的潜能充分释放出来，提高员工自身与企业整体的能力。

随着经济全球化的发展和市场竞争的日益激烈，以及企业家们为了争取各自的市场份额而引发的人力资源争夺战，给企业一个重要的信息——激情时代已经来临。激情管理将成为竞争时代的常青树，这是21世纪企业家备受关注的问题，也是企业生存面临的巨大挑战！怎样才能打造出一种满足时代和市场需要的卓越的激情管理呢？

(1) 不断地自我否定。如果领导者不能不断地否定自我的话，领导者就很难有动力去做很激情的事情。

(2) 领导者要用自身的魄力吸引追随者。当自身的激情用完以后，领导者就要不断地为自身充电。这个充电过程包括不断地吸取、接受别人的意见。

(3) 领导者一旦发现使自己快乐的时光，就去增加它；发现使自己不快乐的时光，就减少它。企业任何员工是按激励机制做事情的，领导者不激励的事情，企业员工是不会做的。领导者考核，员工就认真做；领导者不考核，员工就不认真做。这叫组织的功利性行为。在不鼓励和非考核的范围内，员工做一些有利于企业的事情是企业想要的。此时，领导者要及时激励，激发员工的激情。

(4) 激情需要冷处理。耶鲁大学经济管理学院教授哈马斯·埃尔在回答迈克尔·戴尔的问题时强调：“当领导者以充

欲胜人者，必先自胜；欲论人者，必先自论；欲知人者，必先自知。
——《吕览·季春纪·先己》

满激情的语言与行为，激活了团队以后，这段激情就可以持续一段时间。当进入正规化以后，需要冷处理一下。过一段时间以后，他又会和先前一样沉闷，又需要注入激情。”

（5）建立信任感。杰克·韦尔奇直言：“任何一个新任总经理做的第一件事，传统上，是做人事变动，所有的高层最担心的是被这个洗牌给洗出去。这时候，要求他们有激情，几乎是不可能的。但我做的是首先要显示我对这份工作的激情，让领导者在员工当中建立起信任感。因此，我对他们说，你们一定会很困惑，一定很彷徨，甚至有些担忧，但我可以保证，未来6个月当中，我不做任何的人事调整。让我们一起来看看公司未来的路怎样走更好。”经过这一步，大家一下对他的信任感加强，工作激情很快调动起来。

耶鲁大学经济管理学院教授哈马斯·埃尔认为，领导者要把激情传递给团队，可利用两种力量，一种是恐惧，表现在担心，如害怕失去事业、爱情和家庭；一种是诱惑，表现在对美好愿景的向往。“这是行为发生改变的两种动力。如果一个人不能因为诱因产生激发，那就用恐惧，使他被动地产生激情。领导者要学会塑造，用语言来塑造员工的思想，用故事来改造员工的思维，小品就是用语言来徐徐诱导你进入它的状态。但前提是，领导者本人必须是个激情的人。”哈马斯·埃尔教授说。

（李　慧）

什么是企业的情绪资本

我们借着消息而不借着视觉而生活。我们借着对别人的信心而存在。耳朵是真理的前门，但也是谎言的前门。真理一般是被看到，很少被听到；她很少以基本的纯洁状态到来，特别是从远方；一旦经人传播，便每每会混入传播者的情绪。而情绪只要作用于

大辩若讷，大巧若拙。——《牟子》

事物，必会在她身上加一层颜色，使之更讨人喜欢或令人更讨厌，使我们偏向于某种印象。因此，我们要注意讲话者的意向。你应该事先知道，他基于什么立场而来。要谨防虚伪不实的人和平时常犯错误的人。

——《圣经》·小心去得到消息

在企业中，有两项最重要的资产，第一项为知识，第二项是由感觉、信念、认知和价值观等隐性资源构成的“情绪资本”。

情绪资本可分为外在情绪资本和内在情绪资本。外在情绪资本存在于顾客和股东的内心，这种资本有时被描述成品牌价值和商誉；内在情绪资本存在于企业员工的内心，对员工工作产生的影响，会关系到公司产品的质量或所提供服务的优劣。“情绪资本”这一概念揭示了企业发展的重心正由理智转向情绪。

企业不仅仅是由数据和图表组成的商业实体，即使是最冷漠的企业也都具有自己的性格，其原因就在于它是由人构成的，人是企业的命脉。

为此，我们必须重新定义企业：它是一个小型的社区，是人的集合；它的所有要素，包括产品、服务、品牌，都与情绪相交织而存在。能够成功地赢得员工心灵和意志的企业，一定能够塑造出充满热情和执著的企业性格，这一点对于顾客来说无疑具有强大的号召力。股东、员工与顾客之间的沟通渠道越通畅，沟通效率越高，企业的性格也就越丰富多彩。有研究者提出了企业的“十大动力情绪”和“十大负面情绪”，任何一家公司的效益都会受到动力情绪或负面情绪的影响。

企业的“十大动力情绪”包括：执著——意识中时时闪现坚定不移的信念；挑战——勇敢地挺身而出，即使胜算不高也不气馁；热情——对自己的产品、服务、概念和想法具有强烈的感情和浓厚的兴趣；奉献——全心全意完成工作或处理事务；决心——意志坚定不动摇；愉快——乐于接受微笑与乐趣；爱心——助人为乐，并具有高尚的情操；自豪——因为自身价值或团队成绩而深感荣耀；渴望——强烈希望能够拥有某

玉不琢不成器，人不学不知道。——《金楼子·立言篇》

物或成就某事；信赖——相信他人和集体的素质、价值和可靠性。

相反，企业的“十大负面情绪”则显得十分病态：畏惧——面对困难手心出汗，缩头缩脚；愤怒——因实际存在或假想的对立而产生极大的痛苦与敌意；冷漠——事不关己，高高挂起，比愤怒还糟糕；紧张——头脑、身体和情绪处于焦虑和不安的状态；忧虑——对可能出现的困难感到寝食难安；敌意——对立或反抗的行为；嫉妒——对他人的成就或优秀素质心生不满甚至感到气愤；贪婪——无休止、无限度地追求财富或权力；自私——万事从自身利益出发，全然不顾他人的感受；憎恨——过于强烈的厌恶感。

（李　慧）

怎样提升自我情感管理能力

别人对待我们的方式反映了我们对待自己的方式。——Linda Field，《自尊手册》

企业领导者的情绪与情感的载体——个性，或者说是领导者的个人魅力是可以转换成企业的资本的。情绪、情感是领导力的核心因素。领导力是企业所拥有的无形而重要的智力资本。正如比尔·盖茨所言：当价值由生产转入流通环节时，服务变得比任何时候都重要。而服务是由谁来完成、谁来接受的呢？是企业内外部的人。高度同质化的市场中，是人际之间的情绪、情感互动提供了不一样的体验空间。

提升领导者的领导力，关键就在于加强他们“对情感的控制程度”。“正人先正己”，领导者想要在企业内外部推崇什么、弘扬什么，首先自己要拥有相关的特质。想要加强对他人的情绪、情感管理能力，领导者必须先管理好自己的情绪、情感。深刻的自我洞察将支持领导者更加了解自己，同时为认知、管

一言而非，四马不及追；不言不急，四马不能及。——《说苑·说业》

理企业内外部客户提供借鉴。

美国心理学家所提出的 ABC 法则可以让领导者有意识地加强对自己的情绪、情感的管理能力。

Arising Events：锁定缘起事件

解密自己的情绪、情感密码，首先要从根本上了解自己的价值观系统，将无意识的情绪、情感反应纳入到有意识的情绪、情感反应中。如果我们只是修正行为中的无效部分，结果往往是舍本逐末。锁定缘起事件，意思是让领导者首先学会与自己的潜意识对话，了解自己的内心隐秘的情绪、情感世界，找到自己世界观、价值观的形成中的症结，通过改变经验元素，有效地改善自己的行为。

例：现在正好是销售最旺季，王总刚下达了新一季的业绩指标，就收到下属员工请假半个月的要求。王总有以下三个选择：

（1）答应他。

（2）拒绝他，让他选择到底留下来还是离职。

（3）既不想答应他，又不想失去这个员工，于是把半个月的假期改为五天。

三个决定背后隐藏的动机是什么呢？

（1）想赢得员工的认可，以人为中心。

（2）有明确清晰的方向和目标，为达目标全力以赴，以事为中心。

（3）中庸主义。

Belief：了解自己的信念

在我们了解了自己的行为动机之后，信念成了我们真正要关心的焦点。信念包含以下几个方面：

准确的自我估测：知道自己情绪、情感个性中的长处和短处。

情绪、情感意识：对自己的情绪、情感和它们带来的影响有着充分的认识。

自我意识：对于自己内在的状态、喜好、资源和直觉有清晰的了解。

君子笃于义而薄于利，敏于事而慎于言。——《新语·本行》

自我意识管理：能趋利避害地管理自己的内部状态、冲动和资源。

从自我情绪、情感中找到促使成功的动力：努力提高或努力达到优秀的标准：克服阻力、奋勇向前的恒心。

自控：对于自己会产生负面效果的情绪和冲动能加以管理和引导。

良知和可靠性：对自己的表现负责、求真务实。

适应性：灵活处理变化和变革。

善用直觉抓住机遇：开放的心态，愿意接受新思想、新路子、新信息。

Consequence：具备了解自己情绪后果的能力

学会向自己提问将让我们更加有意识地对自己的情绪、情感进行管理，同时我们会对自己的情绪、情感后果承担起更大的责任。

当一件事情发生时，问自己：这一刻我的情绪是怎样的？

我为什么会有这种情绪？以往的经验影响吗？无意识的形成吗？

这种情绪背后的目的是什么？我希望获得什么结果？

为了更好地达成目的，我是选择其他的情绪？还是选择继续留在这种情绪里？

（李　慧）

怎样通过有效情感管理来提升企业绩效

管理者需要彻底改变他们的管理方法，不应依赖制度和控制程序，而是要把员工当做一个个的人，了解他们、信任他们……直接的接触和训练使管理者能客观评价商业挑战的真实状况，在相互了解的基础上作出反应，全新意义上的公司应该是人性化的公司。

——S. Goshal & Barlett《哈佛商业评论》

以正辅人谓之忠，以邪导人谓之佞。——《盐铁论·刺议》

感性消费时代，无论是资金流、信息流，或是企业内人员的流动，归根结底都是情绪、情感的流动。提升领导者的领导力，加强他们“对情感的控制程度”，有意识地加强管理者对企业内外的情绪、情感管理力度，将会从战略层面快速高效地提升企业绩效。

一、如何提升企业内部情绪、情感管理能力

随着终身雇佣制的结束，企业和员工之间的关系也发生了变化。员工不再终身服务于一家企业，他们对企业的归属感在降低，如果干得不开心，随时换一家企业就可以了。而对于企业来说，如何建立、打造自己的核心团队成为当务之急。通过市场情绪周期图我们可以看出：企业主管和执行层对消费者的情绪起着多么大的影响作用。

在客户面前，员工就是企业的品牌代言人，是企业精神的活化。他们在企业中接受到什么样的情绪，他们是怎么样的情绪，也就会传播到市场中，影响客户的情绪、情感，最终决定企业的存亡。

只有快乐的员工，才能创造快乐的客户。快乐的客户才会为企业带来滚滚不断的利润。

员工的任务就是执行。至于执行的力度如何，取决于他们对企业的情绪、情感。所以，在企业内，我们创造、拥有什么样的领导力，就会产生出对应的执行力。员工对企业的忠诚度体现了员工和企业之间的心理状态，它决定和影响着员工对企业的投入度、主动性、创造性以及是否与自己的职业生涯相融合起来。

企业中的哪些因素会影响到员工忠诚度呢？既有员工的个人层面，也有企业的组织层面，还有两者彼此作用的交互层面。而领导者的个人魅力，领导者所营造的企业情绪、情感、企业伦理概况也会极大地影响到员工的忠诚度。

领导者怎样加强个人魅力，打造员工忠诚度呢？情绪合同的出现可以稳定企业现有的核心人才团队，激发员工的工作热情、积极性与主动性、创造性。

凡权重者必谨于事，令行者必谨于言，则过败鲜矣。——《新书·道术》

情绪合同是企业领导者对情绪、情感的有效管理工具。领导者要帮助、支持员工在新知识经济时代发展协作的能力和责任心。情绪合同不一定形诸于书面，却是和员工约定俗成的心理期待。这些期待涉及情绪和心理等许多无形的方面，如员工对企业的信任、安全感、理解度、认同度、喜爱度等。

企业违反情绪合约，就会导致员工灰心失望，工作成就感下降，甚至萌生去意。而良好地执行情绪合约，将大大提高员工忠诚度，提高员工的工作效率。

二、如何提升市场（企业外部）情绪、情感管理能力

“你可以从企业的语言中感受企业的心”。——Charles Handy《God of Management》

新经济中最重要的是心与心的互动与交流，怎样感知市场对企业的心——情绪、情感是怎样的?

品牌的含金量是一项具体的指标，它具体表现在客户的购买决策、行动中。客户通过购买实施他们的权利，表达其情绪、情感。

企业追求的，正是客户对企业的绝对忠诚：情感忠实。拥有固定绝对情感忠实的客户群的企业，其品牌含金量得到了相当的提升。正如可口可乐总裁所说：即使现在一把火烧掉了可口可乐全球工厂，他都有信心从头再来。因为可口可乐拥有一帮固定的情感忠诚的客户。

品牌建立的关键在于和消费者的情感关联度。品牌和消费者的情感联系越深入，品牌也就越深入民心。如何建立情感关联度取决于消费者的情感参与程度。因此，体验经济成为了服务经济之后的经济大潮。

情感忠诚给企业带来的利益在于：塑造品牌价值与商誉；它促动销售的发生、客户的重复购买、提升客户满意度与品牌宽容度，致力和客户建立终生的关系，对客户生命周期进行管理，同时塑造极度满意的客户，因为他们是企业最好的销售人员，他们将把好的口碑传递到市场上，推荐更多的客户来购买。

以下三个途径可以支持企业管理者提升市场情绪、情感管理能力：

（1）将品牌个性与个人领导力结合起来：像杰克·韦尔奇之于GE、王石之于万科。

（2）注重品牌情感营销：将无意识的情绪、情感信息传递转变为有意识地传递情感信息，向市场、消费者传播正面积极的情绪、情感信息，建立正面、积极的情绪、情感体验平台，提供优质的情绪、情感体验，从而创造忠诚客户。

（3）建立消费者的情绪、情感数据库：通过CRM系统的导入和应用，在市场调研中捕捉客户的情绪、情感动态，并采取积极、快速的回应。收集回应的反馈，将获得好的反馈回来的方式方法固定下来，建立企业的系统工程。

管理者提升自己的领导力，必须要着力于情绪、情感，不仅仅是个人的情绪、情感管理，还要对企业员工、市场上的情绪、情感进行管理。

“得人心者得天下”，让我们用全球金融服务组织的话来描绘一个美好愿景：情智，是一条不断发展之路，其努力方向就是以一种独特的方式把个人行为和执行公务结合起来，其灵魂渗透到公司的每一个角落……其目的就是要让员工传播公司的价值理念，对自我和他人的感觉良好，更重要的是，要把这种激情投入到工作中，做诚信生意。

（李　慧）

宽则得众，信则民任焉，敏则有功，公则说。——《论语》

第四章　危机时分

新官上任，如何应对新状况
过度自信酿危机
不打无准备之仗
不要将命运交到庸才手中
危急关头如何取舍
改朝换代时的危机处理（一）
改朝换代时的危机处理（二）
危机决策时如何处理沉没成本
和而不同——危机时期的人才战略
用好普通人——危机时期的人才战略
慧眼识危险
志不可满，乐不可极——避免乐极生悲
如何在危机时刻从容应对媒体
将危机化作转机——如何面对退休
利用危机摆脱困境
认识媒体的力量

新官上任，如何应对新状况

初入职场的人都能很清楚的记得自己初出校门时的恐惧心理。没有同学的关爱、没有家长的照顾，可怜的大学毕业生很少能够在最初两年享受到自主生活的快乐，他们不是在刻板的公司规定下苦苦挣扎，就是被吝啬的老板逼得发疯。

其实，人类面对陌生的环境时，都会出现诸如抑郁啦、恐慌啦，认为自己难以担当重任等，这是正常的心理反应，所有人面对新环境时都会出现，即使面对升官发财这样天大的好事也不例外。为了能够积极地适应新环境，除了及时调整心态外，最为重要的就是理清新岗位上的新问题、新情况。虽然人人都想当官，但未必人人都能知道如何做官。

管理学大师劳伦斯·彼德在《彼德原理》中描述了这样一个真实的案例。

蓝特过去曾是胜任的学生、教师和系主任，他因而晋升为副校长。在副校长任内，他表现出优异的智慧，与老师、学生，以及家长们都处得十分融洽，于是他又进一步升到校长的职位。

在担任校长以前，他从未直接与学校董事会或当地的教育督学交涉过。上任后不久，他马上显露出缺乏与这些高级官员打交道的本领。有时会为了替两个学童调解纠纷，而让督学一旁等候。有一回他替一位请病假的老师代课，却错过了副督学召开的课程修订会议。

他竭尽全力处理校务，以至于无法兼顾社区组织的活动。例如，他拒绝当教师暨家长协会的主席；拒绝当社区改进会的会长；同时也拒绝当文学指导委员会的顾问。

因此，蓝特的学校失去当地社区的支持，他本人也不再受到督学的赏识；他逐渐被一般大众和上司们认为是一位不胜任的校长。也因为如此，当副督学的职位出缺时，学校董事会拒绝提名他；直到退休以前，蓝特将只能继续当一名不快乐且不

君子以思患而豫防之。——《周易·既济》

胜任的校长。

辛西娅·戴娜尔的例子也许能为您提点建议。

辛西娅·戴娜尔（Cynthia Danaher）受命成为惠普公司医疗产品集团的副总裁兼总经理。在这之前，她曾经负责超声波——影像业务——惠普公司医疗产品集团中的一个分支。戴娜尔能够和部门里的500多名员工打成一片，叫出大部分人的名字，知道每个客户的情况，并亲自参加从产品开发到销售的所有流程的决策。无可否认她在该部门的优秀业绩来源于事必躬亲的领导风格，而这种风格也是她事业腾飞的基石。但升职为整个医疗产品集团的总经理后，她开始发现自己要么改变领导风格，要么在一个不能胜任的岗位上做一份不称职的工作。戴娜尔说，晋升到总经理就“像从八年级升到了大学”，茫然地疲于应对偌大集团中的各种问题。她用8个月时间来学习过去从未涉及的业务，同时试图让员工抱成一团，全权负责所有工作流程。但是，她很快就发现这种做法并不可行，要知道，现在的员工是过去的10倍，业务量则更是无法同日而语。戴娜尔认识到作为高层领导，她必须学会如何说“不”，如何与员工保持距离而不是与每个员工亲密无间；如何制订宏观计划而不是参与所有业务的完成。她开始发现，为员工指明方向与鼓舞士气，比为他们的父母安排养老院更能得到他们的支持。前者让员工们感到自己的领导遇事冷静、值得依赖，而后者只是让员工觉得自己的长官有如老保姆一样啰哩啰唆、毫无建树。因此，虽然拒绝了一些上门求助的员工以保证自己不受打扰，但是她在公司的支持率却一直稳步上升。

事实上，对于戴娜尔来说，更高的职位与更大的责任并没有让她疲于奔命、忙于应对，反而给了她更多的休闲与满足。当然了，及时的转变思想是戴娜尔成功的原因。诸位刚上任的新官，在更大的权力与责任面前，先不要急着复制过去的成功，而是应该小心分析一下，现在的职位需要什么样的领导，什么样的领导风格。

（高鹏云）

贫而无谄，富而无骄。——《论语·学而篇》

过度自信酿危机

1986年4月26日，在进行一项实验时，切尔诺贝利核电站4号反应堆发生爆炸，造成30人当场死亡，8吨多强辐射物泄漏。此次核泄漏事故使电站周围6万多平方公里土地受到直接污染，320多万人受到核辐射侵害，酿成人类核能史上的一大灾难。时至今日，切尔诺贝利核事件依然影响着人们的正常生活，那些在灾难之后出生的孩子，大多数人因为父母体内或血液含有辐射物，从生命形成的那一刻起，就带有先天性疾病。畸形、癌症、败血症已成为虐杀这些无辜儿童的主要杀手。

其实，事故发生半年前，库尔斯克核电站的一位专家就曾给国家核能监督委员会写信，警告说这种大功率管道反应堆（RBMK反应堆）危险，但主管的“中央”领导没有认真对待这一警告。乌克兰能源大臣Vitali Skylarov在切尔诺贝利核泄漏事件发生前两个月这样说道：“这里发生泄漏的几率是一万年都难遇的。”

在人们的决策机构中，过度自信是一个最为普遍的问题，是指我们在对过去知识进行判断中存在自负现象，影响着我们对当前知识的评价和未来行为的预测。尽管我们知道自己过去出过错，但我们对未来的预期仍然相当乐观。造成过度自信倾向的主要原因是我们往往倾向于牢记自己的成功经历，认为自己能力出众，而将失败归咎为偶然事件，认为这与他们的能力无关。就如在赌博中，赌徒一旦赢了就归因于自己的赌技与预见力，一旦输了就认为“差一点就成了，下次一定成功”。

美国人的过度自信使日本人在二战期间成功地偷袭了珍珠港；法国人的过度自信使德军顺利地走过凯旋门；日本的过度自信使数以万亿的财产在经济泡沫中消失殆尽。在《金融战败》一书中，日本学者吉川元忠认为就财富损失的比例而言，日本1990年金融战败的后果几乎和第二次世界大战中战败的

养心莫善于寡欲。
——《孟子·尽心》

后果相当。那么他们的失败是怎样产生的呢？在当今股市、楼市进行得如火如荼的时候，也许我们应该回顾一下他们的不幸经历，为自己提个醒。

世界上所有的较量归根结底是对人类心理的较量。表面上看起来，股票反映经济形势，但实际上，最能影响股票起伏的是社会群体，尤其是参与股票买卖的股民。股票是对企业的投入的资金回报，但是企业的价值增值是极其缓慢的过程，所以几乎没有股民将发家致富寄希望于企业的增长上。大多数都希望能在股市交易中赚取差价，这就要有成千上万的股民带着资金加入进来。一旦股市中的大部分赢利都来自于后进入股民的口袋，泡沫就产生了。但是民众对股票继续升值的心理预期，使得他们前仆后继地涌进来，而股市也会表现出前所未有的繁荣景象。所以股票市场的繁荣来源于人民的自信心，有自信是好事，但如果过度自信，就会无法清醒地面对瞬息万变财经状况，最终成为金融危机的替罪羊，比如 20 世纪 90 年代的日本。

20 世纪 80 年代，日本在国际上已经积累了巨额财富，成为世界上最大的债权国。但是在 20 世纪 90 年代末期，随着日元的升值，大量廉价资本涌向股市和房地产，东京的股票年成长率高达 40%，房地产甚至超过 90%，一个巨大的金融泡沫开始成形。这里，居心叵测的美国投机商拿着大把的“股指认沽期权”（Stock Index Put Option）这种新的金融病毒，和日本人赌日经指数会暴跌。20 世纪 80 年代日本的经济腾飞使日本人多少产生了一股目空四海的优越感。当日本股票价格高到没有一位理智的西方评论家能够理解的程度时，日本人仍然有大量理由相信自己是独一无二的。一名当时在日本的美国投资专家这样说道：“在这里有一种日本股市不可能下跌的信念，在 1987、1988 年，甚至 1989 年时仍然是这样。他们觉得有一种非常特别的东西存在于他们的（股票）市场中，存在于整个日本民族之中，这种特殊的东西能够使日本违背所有放之四海皆准的规律。”但是，没过多久，日本股市再也吃不住劲了，股市土崩瓦解。从 1990 年起，日本经济陷入了长达十几年的

君子可招而不可诱，可弃而不可慢。
——《文中子·礼乐》

衰退，日本股市暴跌了70%，房地产连续14年下跌。

虽然说日本的失败很大程度受到国外投资者的暗算，但反躬自省，日本人当时过于高昂的乐观情绪与过度自信才是导致他们无法清醒地对待金融战争的原因。今天，中国的很多经济学家也在呼吁大家注意股市泡沫，不要盲目乐观，避免重蹈日本覆辙。虽然真正摆脱过度自信倾向，超越自我是件非常不容易的事，但也绝非不可能。

想知道自己是不是过度自信吗？下面的试题来自于美国心理学家爱德华·拉索的研究。该测验能够让您简单了解自己在一般知识问题上的自信水平。

过度自信的自我测量

对于以下的10个题目，请您给出一个较高的估计和一个较低的估计，使得正确答案落在您的区间中的概率在90%以上。其中对于你们的挑战是，您所设定的区间既不能过窄（过度自信），也不能过宽（缺乏自信）。如果您只有10%的错误率——也就是只答错一题，您就获得了成功。

	90%的信心区间	
	低	高
陈毅去世时的年龄	——	——
尼罗河的长度	——	——
OPEC（石油输出国组织）成员国的数量	——	——
《四库全书》的卷数	——	——
月球的直径	——	——
一架波音747飞机的重量（公斤）	——	——
莫扎特是哪一年出生的	——	——
一头亚洲象的妊娠天数	——	——
伦敦到东京的飞行距离	——	——
最深的海洋深度	——	——

答案：(1) 71岁；(2) 6670公里；(3) 13个国家；(4) 79337卷；(5) 3467公里；(6) 396900公斤；(7) 1756年；(8) 645天；(9) 3694.58公里；(10) 10859.4米

（高鹏云）

巧言无德。小不忍，则乱大谋。
——《论语·卫灵公篇》

不打无准备之仗

传说，扁鹊有三兄弟，他是老三。

有一天，魏王问他："你的医术这么高明，有没有人比你的医术更高呢？你们兄弟三人谁的医术最高。"

扁鹊回答道："当然有了，我家兄弟三人，大哥医术最高，二哥次之，扁鹊我和他们比起来真是自愧不如。"

魏王就不明白了："果真如此的话，为什么你的名气比他们大呢？"

扁鹊说："大王，事情的原因是这样的。我救助的病人都是在病人膏肓之后，所以名满海外。而二哥救助的病人都是在病人发病的过程中，所以在乡里都很有名气。但是大哥呢，他可以在病人发病之前将他们治好，病人尚不知道，何况外面的人呢？所以就一直没有名气了。"这个故事也许是虚构的，但其中的道理发人深省，能够及时发现危机、防御危机，将危机扼杀于萌芽之中，绝对是比事后补救更为困难的事情。

虽然说处理危机的手段最能体现一位领导的能力高下与价值所在。但是如果可以选择的话，恐怕哪位领导也不愿意等着危机以后再去解决。最好的方法当然是把危机的苗头扼杀在萌芽之中，即所谓的"防范未然"。

虽然道理易懂，但是真正做到却是很难的。2005 年 5 月 11 日，台湾亲民党主席宋楚瑜访问清华大学并举行演讲时，担任主持的清华大学一位校长，就因为缺乏对活动细节的预见性准备，而口误频频、洋相百出。更可怕的是，这是一场面对全世界的现场直播，让原本准备大放异彩的清华颜面尽失，成为了新闻媒体和大学生们嘲笑的对象。

不知是对台海局势的不熟悉，还是对重大场合的过度紧张，主持人在主持过程中，结结巴巴、词不达意，数次中断更正，好像全然不知这是不能剪接的现场直播。

宋楚瑜演讲结束后，双方相互赠送礼物，但主持人竟把向

不慕古，不留今，与时变，与俗化。
——《管子·正世》

宋楚瑜赠送礼物说成“捐赠”礼物，又不是支援破败不堪的边远山区小学，何用“捐赠”一词。台下学生也不留情面，顿时一片嘘声。宋楚瑜倒是极为大度，在收到礼物之后，连连表示感谢。而收到宋楚瑜回赠的礼物后，这位主持人除了面对现场露出呆呆的笑容，却连声谢谢也不会说。

接着，最为尴尬的时刻到来了，这位主持人送给宋楚瑜的是《赠梁任父同年》一诗，是清末外交官、中国驻新加坡首任总领事黄遵宪写给梁启超的：“寸寸河山寸寸金，侉离分裂力谁任？杜鹃再拜忧天泪，精卫无穷填海心！”在大会上阅读该诗，毫无疑问是想表明大陆同胞渴望统一、拒绝分裂的一片冰心。但是，这是一幅小篆书法作品，而这位主持人好像忘了自己不认识小篆，当他念到“侉离分裂力谁任”的“侉”字时被卡住了，引得全场爆笑，虽然马上有人得以圆场，但是形象已经完全毁了。在场观众与大学生似乎在漫长的演讲会场过于疲倦，抓住机会，狠狠地放松了一把。

没有完善的事前准备，要主持好一场大型的政治演出是绝无可能的。就拿读诗这件事来说吧，如果没有暗中背下来，就不要当场念出，因为读出小篆体并不是他的专长，何况其中还有一个生僻怪字。其实这首诗并不罕见，早在 2003 年 6 月温家宝总理在香港礼宾府出席 CEPA 协议签字仪式后发表演讲时，就引用过。即使在此之前完全不知道这首诗，在赠送之前总要看看自己赠送的是什么东西吧。如果打算当场念出，怎么也得先看一看、背一背，力求熟练，至少也应该先看看里面有没有不认识的字吧。即使这点时间都没有，在阅读之前也应该先用余光扫一扫，如果遇到不认识的字就忽然卡壳，给人的印象就太差了。

诚然，作为一个以理科见长的学校的校长，没有人要求他对小篆了如指掌。但是，作为中国知识精英的代表和文化事业的领头人，他至少应该对处理这种情况得心应手。明白的人知道，他可能是缺乏准备和事前计划，但是有些人看到堂堂清华校长在全球同时放映的镜头前出现这种事故，也许会误解为大陆政府的轻视与怠慢是故意侮辱台湾同胞。一个人的一时大

天时、地利、人和，三者不得，虽胜有殃。
——《孙膑兵法·月战》

意，很可能酿成祸害。

如果组织工作能够再细致一点，如果事前准备能够再充足一点，那么事情会完美得多。但是，邮差从不敲第二次门，上天从不给不懂得珍惜的人以补偿机会。这次清华事件的影响是巨大和深远的。但是对我们旁观者而言，我们至少可以从这次事件中找到可以借鉴的地方，以期防止同样的失误降临到自己身上。

（高鹏云）

不要将命运交到庸才手中

人能够完全控制自己的命运吗？应该说不能。很多时候，我们都要将自己的命运放置在别人手中，比如自己的朋友、长辈，抑或是敌人手中。有时候，就连时刻听命于自己的下属也可以掌握我们的命运。遇到这种情况，诸位领导要做的就不仅是发布简洁、有效的指令，更要清楚下属的为人，千万不要将命运置于一个庸才的掌控之下。要知道在危机关头将一个平庸的人放在自己身旁相当于一颗随时可能爆炸的炸弹，因为他们不仅不会帮上忙，还会在关键的时候出现错误。比如文治武功、雄才伟略的拿破仑，就是败在了下属的平庸和懦弱之下。一份伟大的事业就因为一颗渺小螺丝钉而功败垂成。

1815 年 3 月 20 日，拿破仑从软禁他的地中海厄尔巴岛逃出，率领铁骑进入巴黎。法国国王路易十八闻讯色变，仓皇逃遁。皇家军队热切欢迎拿破仑的复出，数万兵士临阵倒戈。拿破仑不费一枪一弹神奇地复辟建立百日王朝，重新登上皇位。

为了抵挡拿破仑，英国、俄国和普鲁士等国家组成反法联盟，大举围攻巴黎。拿破仑一看就看清了这种致命的危险。他必须在普鲁士人、英国人、奥地利人联合成为一支欧洲盟军和自己作对之前就将他们分而攻之、各个击破。拿破仑亲自率领 12 万大军迎战，联军不敌，撤退到比利时。拿破仑乘胜追击，

江河大溃从蚁穴，
山川小陷而大崩。
——《说苑·说业》

率军继续挺进，直逼比利时的边境。6 月 18 日，大决战在滑铁卢展开了。英军驻在一个山冈，由威灵顿率领，法军则由拿破仑亲自指挥。

两天前，即 6 月 16 日，拿破仑军队在林尼与布吕歇尔领导的普鲁士军遭遇，并将普军击败。这一击非常厉害，然而却不致命，被击败的普军向布鲁塞尔撤退。为了防止布吕歇尔的军队与威灵顿的军队会合，拿破仑抽调出一部分部队去跟踪追击普鲁士军，在他们与英军会合前，将其彻底解决。

他把这支追击部队交给了格鲁希元帅指挥，将自己的三分之一的军队和获胜的希望连同法国的命运一起交给了这个平庸的中年男子。格鲁希从戎 20 年一直老实可靠、兢兢业业，但也仅此而已。当他的上司们在一场场的战役中相继丧命后，这个没有任何军事细胞的可怜人一步步升到元帅的位置。拿破仑并非不了解格鲁希才智有限、资质平平。但是连年征战已经使他的得力战将或者命丧黄泉，或者告老还乡。拿破仑也是出于无奈才对这个中庸的男子委以重任。

在唯唯诺诺的格鲁希看来拿破仑的命令是清楚的、不容置疑的：务必率领交给他的三分之一的兵力去追击普鲁士军。习惯了无条件地听从命令的格鲁希根本没有想过，他的大队军马还可以做任何其他事情以帮助自己的领袖。格鲁希的部队在瓢泼大雨中出发。士兵们在软滑的泥泞地上缓慢地向普军运动。或者至少可以说，他们是朝着布吕歇尔部队所在地的方向前进。

6 月 18 日上午 11 点钟炮声响起了，决定拿破仑命运的时刻开始了。从上午 11 点至下午 1 点，法军师团向高地进攻，一度占领了村庄和阵地，但又被击退下来，继而又发起进攻。在空旷、泥泞的山坡上已覆盖着一万具尸体。可是除了大量消耗以外，什么目的也没有达到。双方的军队都已疲惫不堪，双方的统帅都焦虑不安。双方都知道，谁先得到增援，谁就是胜利者。威灵顿等待着布吕歇尔，拿破仑盼望着格鲁希。拿破仑心情焦灼，不时端起望远镜，接二连三地派传令兵到格鲁希那里去；一旦他的这位元帅及时赶到，那么太阳将会重新在法兰

与吾得革车千乘，不如闻行人烛过之一言也。
——《韩非子·难二》

西上空照耀。

但是，格鲁希并未意识到拿破仑的命运掌握在他手中，他只是遵照命令，按预计方向去追击普鲁士军。尽管连普军的影子也没见到。早上，大地突然微微震动起来，从远处一再传来沉闷的、渐渐消失的声音：这是大炮的声音，是滑铁卢战役开始的声音。所有的人都毫不怀疑：皇帝已经向英军发起攻击了，一次重大的战役已经开始，应该马上前去支援。可是格鲁希却拿不定主意。他习惯于唯命是从，胆小怕事地死抱着写在纸上的条文、皇帝的命令：追击撤退的普军。副司令热拉尔看到他如此犹豫不决，便激动起来，急冲冲地说："赶快向开炮的地方前进！"这使格鲁希非常不快。他用更为严厉和生硬的语气说，在皇帝撤回成命以前，他决不偏离自己的责任。军官们闷闷不乐地沉默了。

格鲁希的部队继续往前走。虽然普军始终没有出现，格鲁希的心中也越发不安，但是他终究不敢违抗拿破仑的命令，率领队伍去增援皇帝。他只是不断地等着命令的到来，等着拿破仑指挥他去做什么。

时间已经到了下午1点钟。拿破仑的四次进攻虽然被击退下来，但威灵顿主阵地的防线显然也出现了空隙。在这种状况下，谁先得到支援，谁就能够取得胜利。而拿破仑派出的这个掌控自己命运的人居然毫无勇气、毫无思想、毫无责任感。可以想象，命运女神即使对待这个她一向宠爱的战神，也会勃然大怒。

一支部队从树林里迎面奔来。格鲁希的军队吗？不，是布吕歇尔领导的普鲁士军队。拿破仑明白了，那支被击败的普军已经摆脱了追击，提前与英军会合。而他自己的三分之一兵力却依然在空地上作毫无用处、失去目标的寻找。

普军的大批人马毫无阻挡地、浩浩荡荡地从树林里穿出来。拿破仑的部队开始退却，威灵顿却抓住这一关键时刻，率领军队向正在撤退的军队发起猛攻。法军开始一下子乱了秩序，士兵们仓皇逃窜、疲于奔命、一片惊恐。

滑铁卢战役以拿破仑战败而告终。

往世不可追也，来世不可待，——《庄子·人间世》

格鲁希，这个微不足道的小人物以他的懦弱与胆怯改写了人类的文明史。作为一位法兰西元帅，他没有勇气和胆识主动行动，把握战机，去创造历史，而只会听从元首的命令，真是一位当之无愧的蠢才。但反过来讲，拿破仑将自己的命运置于这样一个小人物的掌控之下，却也是他自己的失误——难以挽回的失误。

（高鹏云）

危急关头如何取舍

1940年11月14日，英国考文垂市的居民像往常一样享受着自己的生活。作为英国著名的工业城市，考文垂的任务是军工机械生产，为英国提供源源不断的军工产品。他们无论如何也不会想到，当前，他们还有一个更为危险、但也更为迫切的任务——充当德军的诱饵。

晚上7点05分，市区内突然响起刺耳的防空警报声。5分钟后，德国“海因克尔”飞机在城市上空出现，进行被美其名曰为“月光奏鸣曲”的轰炸行动。10个小时过后，当德国战机从考文垂撤离的时候，这个有着900年历史、25万人口的城市已经哀鸿遍野、满目疮痍。市中心被夷为平地，工厂破坏三分之一，军工生产瘫痪，市民被炸死584人，炸伤865人。

其实，早在11月12日，也就是德军空军刚刚接到命令之后，英国军队已经破译了德军密码“哑谜”。但是作为首相的丘吉尔为什么没有采取任何措施而坐以待毙呢？因为他想保护一个比考文垂更为重要的东西——“炸弹”。“炸弹”是“哑谜”的死对头，它采用了与“哑谜”相同的编程原理，能够破译所有的“哑谜”密码。在战争中，一旦能够破译了对手的密码，就等于掌握了对方的行动计划，了解了对方一切军事决策与战略措施，对于夺取局部战役乃至整个战争的胜利都有着重

日月逝矣，岁不我与。——《论语·阳货篇》

要的意义。德国政府早在1934年就开始研制出了一种被称做“哑谜”的密码机。“哑谜”问世后，给盟军的情报部门带来了很大困难。这种密码无须保护，因为如果不知道编译程序，即使得到密码也毫无用处。希特勒在极端自负和骄傲的情绪下要求德国国防三军统统采用“哑谜”。所幸的是，世界没有绝对的完美，英国军方在艰难的攻关下，终于制成破译“哑谜”的机器，他们将它取名为“炸弹”。

“炸弹”的诞生扭转了英军被动挨打的局面。1940年7月2日，希特勒发布了第一组“海狮”作战计划，即开始入侵英国的命令。盖世太保戈林夸下海口说，英国南部的空中防御将在4天内土崩瓦解，而英国空军则将在4周内被逐出英国上空。但是他不会想到从战争一开始，英国首相丘吉尔和空军参谋部就源源不断地从“炸弹”那里了解到了德国空军的全部计划。所以，戈林却始终没有取得英国的制空权，随后的几次轰炸伦敦的计划也以失败告终。

渐渐的，希特勒对“哑谜”的保密性产生了怀疑。为了检验他的设想，他决定采取迂回路线，空袭考文垂市，如果空袭遭到阻抗或者有任何迹象表明，英国能够事先洞悉德国计划，那么就遗弃“哑谜”，编制新密码。德军情报部门将作战指令发给前线德军，并耐心等待英方的反应。11月12日，英方通过“炸弹”破译了这一情报。

但是，如何应付这次空袭，首相丘吉尔却面临着两难选择：因为考文垂位于英格兰的内陆中心，距离伦敦仅有90英里。这里有古老的教堂，最美丽的哥特式建筑，又是英国的主要军火库之一。而“炸弹”却在未来的战役中占有决定性意义。是保护现有城市建筑与居民，还是保证将来的胜利与永远的安宁？丘吉尔不得不作出了沉痛的选择：考文垂既不加强任何支援，也不作出防御疏散，任凭德军宰割。

有人在会议上提出应该在考文垂市内发布这个城市即将遭到大规模空袭的秘密警告，并事先撤离市内居民和在医院里能挪动的病人。丘吉尔听了后，坚决反对这样做。因为“炸弹”的价值不止一个城市，它将是整个战争胜利的保障。如果德军

上不怨天，下不尤人，故君子居易以俟命，小人行险以侥幸。
——《中庸》

改变密码方式，那么受到损失的就不仅仅是一座城市，而是整个英国的安全与自由。

最终，英国政府没有将这个消息传给任何人，而只是默默地等待着这一时刻的到来。

事后证明丘吉尔的决策是正确的，虽然考文垂被炸给英国造成了巨大的损失，但是，和整个战争取得的胜利相比，考文垂的代价还是很值得，也是相对较小的。

希特勒见“月光奏鸣曲”成功，更加宠信“哑谜”机密，一直使用到大战结束为止。此后，英军依靠“炸弹”消灭了围困英国海上运输的“俾斯麦”号战舰和“埃塔普”舰队，虽然德国在英国摧毁“埃塔普”舰队后一度怀疑是否海军的密码被破获，但是几次调查，都排除了“哑谜”已经被泄露的事实。随后英军在北非战场的对德作战，盟军总反攻在诺曼底的登陆，都靠“哑谜”取得了尖端情报。

人生有得就有失，而能够在危急关头对得与失作出取舍最能够体现一位领袖的雄才大略。丘吉尔忍痛牺牲考文垂，保护“炸弹”的决定是明智且勇敢的。在危机之时面临两难处境的领导者们，一定要懂得如何取舍。渴望左右兼顾，妄想左右逢源也许就是失败的前奏。

（高鹏云）

改朝换代时的危机处理（一）

莫见乎隐，莫显乎微。——《中庸》

改朝换代，历来是老臣们最害怕的事情，面对新的领导与不同的政坛格局，下属们无不希望摸清新领导的秉性与喜好，处理好上下级的关系，才能有所作为，施展抱负。然而，这绝不是简单的事，官场倾轧，都以改朝换代时为甚，一不小心，轻者可能被打入冷宫、痛失机遇，重者就可能人头不保、殃及子孙。但是有一些人，就能够在朝代交替之时固守岗位，得到一代又一代领导的信任与尊敬，比如下面的这位在五代十国期间历经四朝 11 主的重臣——冯道。

他的过人之处，可以用几个词来概括：

勤奋刻苦、谨慎圆滑，沉稳忠厚；

清廉、严肃、淳厚，度量；

“口无不道之言，门无不义之财。”

1. 廉洁自律、勤俭持家。年轻时，冯道退出官场为父守丧，服孝期间，家乡闹饥荒，冯道便将自己家里的财物全部拿出来周济乡亲，自己住在茅草屋里，耕田种地、上山砍柴，当地的官吏送来的东西他都没有接受。权倾朝野之时，武将把抢来的妇女送给他，他置之别室，访得其家送回去。七十几岁出任山陵使修葺郭威的陵墓期间，他也为自己选择了最后的归宿。他说死后希望选择一块无用之地即可，不用像别人那样口里含珠玉，也不必穿豪华的寿衣，就用普通的粗席子安葬。

清正廉洁，基本上是为官者最为头痛的事，为官者无不希望如此，但是灯红酒绿、歌台舞榭不是每个人都能抵挡的。冯道一生廉洁奉公、不置私产，使别人无法借故攻击，绝对是他可以在五代十国这个群雄逐鹿的乱世明哲保身的原因之一。

2. 谨慎圆滑。冯道为人圆滑，逢大事则依违两可，不得罪武人，不预废立，一生中几乎没有谏诤之事、奉迎上意，从无功高盖主之嫌。

有一次，后晋高祖石敬瑭问起冯道军事方面的事来，冯道谦逊地说：“陛下久经沙场，神威睿智，军事讨伐之事，自行裁断即可。臣只是一个书生，为陛下守历代的成规，不敢有丝毫差错。军事之事，臣确实不知。”

3. 能进能退。冯道将仕途起伏以平常视之，曾作诗《天道》：

穷达皆由命，何劳发叹声。但知行好事，莫要问前程。

冬去冰须泮，春来草自生。请君观此理，天道甚分明。

石敬瑭死后，石重贵继位，新皇帝不喜欢冯道过于圆滑，就打发他到地方上任节度使。冯道并无怨言，下放之前他曾经问别人大家对他的评价如何，这个人说是非各半，冯道却说：“赞同我的人说我是，不同意的人说非，反对我的人恐怕有十

权然后知轻重，度然后知长短。——《孟子》

分之九吧。”

他退出朝廷纷争以后，并无怨天尤人，而是读经诵史、休养生息。后来后晋为契丹所破，冯道与一干臣子被契丹俘虏，耶律德光任命他为太傅。可见此人能伸能屈，能进能退。

4. 有容乃大：能包容敌人、感化敌人，几乎没有发过脾气。冯道善持大体，虽然说未必有什么突出的才能，但说起心胸开阔、气度非凡，冯道绝对不逊于他人。他心胸开阔能容人，得罪他的人，他并不报复。有一个出身军吏的官员在衙门口骂冯道，冯道说：“他肯定是醉了！”然后让他进来，设宴招待，一直到了晚上，也没有丝毫不快和怨言，不久还升了那人的官。

这就是他在五代十国这个虎狼之世屡屡担当重臣，但却几乎无人反对的原因。

5. 宅心仁厚。冯道事契丹，耶律德光向他询问如何治理中原：“天下百姓，如何救得？”

冯道回答说：“现在的百姓即使佛再出也救不得，只有皇帝能救得！”虽然有点媚主、讨好的意思，但其实是劝他不要大肆杀掠，而且随后耶律德光也果然不在中原滥杀百姓了。

契丹军队在中原遇到军民的大反抗，耶律德光只得退兵。被耶律德光掳走的冯道等人获得自由。冯道看见被掠夺的中原妇女，就变卖东西将她们赎回，然后派人将她们一一送回家。

可见，不管谁做皇帝，冯道都以体恤民情为任。他的惨淡经营对于保存汉家文化、保留国家的元气，都有不可磨灭的作用。

虽然后世欧阳修、司马光等人对冯道大肆批判，认为他无视民族大义，将改朝易姓儿戏视之。但是纵观冯道一生，不以谄媚事人，而能取容于四朝，得到 11 名君主的重任，晚年又能善终，说明这个人是很有本事，很值得学习的。

对于冯道的人生轨迹，也许他年轻时的一首诗形容得最贴切：

莫为危时便怆神，前程往往有期因，终闻海狱归明主，未

无稽之言，不见之行，不闻之谋，君子慎之。——《荀子》

省乾坤陷吉人。道德几时曾去世，舟车何处不通津，但教方寸无诸恶，狼虎丛中也立身。

（高鹏云）

改朝换代时的危机处理（二）

与冯道的八面玲珑、左右逢源相比，肃顺的做法就太失败了。

说到家庭出身与个人资质，肃顺绝对是冯道之流不能同日而语的。但是他自恃先帝咸丰的支持与宠信，视其他势力于不顾，执意进行多项不得人心的改革，最终被旧势力所害，斩首于菜市口。纵使他严于克己、廉洁奉公、励精图治，最终也只能被历史遗忘。

咸丰十一年7月，皇帝驾崩，临死前将大清江山托付给肃顺等八人，请他们好好照顾幼帝同治。孰知不到3个月，慈禧便联合恭亲王发动一场祺祥政变，收拾掉先皇钦命的顾命八大臣，开始了长达40余年的垂帘听政。

肃顺生于嘉庆二十一年（1816），是郑亲王乌尔恭阿第六子。肃顺思想开明、博闻强记、为官清廉，是晚清宗室大臣中少有的改革派。他敢于反抗传统，起用汉人。在太平天国期间就是他主张重用胡林翼、曾国藩等人的私家军队，才得以有效抵抗太平天国。他对外国侵略者疑惧颇深，要维持“天朝”尊严，对侵略者的过高要求不肯应允，甚至起而抗争。1859年与俄使伊格纳切夫谈判，斥责其侵略要求，把未经批准互换的《瑷珲条约》文本，“掷于桌上”，宣布这是“一纸空文，毫无意义”。肃顺的超凡眼光与惊人魄力使他极受咸丰帝的重用，历任御前大臣、总管内务府大臣、户部尚书、协办大学士等要职。可以说，咸丰年间的肃顺位极人臣、大权在握，完全实现一个从政者的政治理想。

但是肃顺性格过于刚烈，他以为天理在上就可以不顾及小

子夏曰：『君子有三变：望之俨然；即之也温；听其言也厉。』
——《论语》

节，以为只要有利朝政，百官就应该无条件服从，以为只有革除旧习，新制度自然会建立起来。他的想法太过单纯，做法太过强硬，不免为人痛恨。他的失败可以归纳为以下几点：

1. 强制改革，损害旗人利益。自八旗子弟出生以后，就由国家供养，说白了，就是由汉人供养。八旗子弟一个个游手好闲、不务正业，包括他们的家眷、奴才，全都不农、不工、不商，完全是国家的吸血虫。一开始，旗人数量不多，国家可以支持，但到了咸丰年间，坐收渔利的八旗子弟已经让财政不堪重负。肃顺在秉政时，对待这些八旗子弟态度极其恶劣，丝毫不讲情面。成为重臣之后，肃顺多次建议皇上削减国家对旗人的福利，打破旗人的铁饭碗。这些举措虽然在情在理，但是损害了八旗子弟的既得利益，被那些贵族甲胄恨得咬牙切齿。

人类历史上所有失败的改革几乎出现了同样的问题：改革者难以分配利益，损害了既得利益的权益，招致不满。而他们恰恰是掌权派、实力派，所以改革如不成功，改革者多半会受到这些人的排斥与陷害。肃顺自己身为满人，却要削减满人福利，必然不得人心。

2. 目中无人，得罪掌权人物。肃顺也应该知道，如果身体孱弱的咸丰一旦驾崩，那么两宫皇太后就会成为绝对的掌权派。但是他却无视于此，在咸丰帝没死之前，就把她们全得罪了。

英法联军兵临北京城之时，咸丰皇帝带着众多妃嫔、随从逃往避暑山庄。但是这次出逃完全在意料之外，准备很不充足，连食物储备也不够。当时，全权代理一干事务的肃顺保证皇帝是有饭吃的，而他自己也是有饭吃的。但是对慈安、慈禧两宫就不管了。史书记载“不得食，唯以豆乳充饭”。连一向心平气和的慈安都对肃顺怒目而视，更不要提满腹心机的慈禧了。她早已联系远在北京的奕訢等一干反肃顺势利准备尽早将他制住。但是肃顺对种种不利迹象却视若无睹，当敦亲王暗示他“有人要杀你”时，肃顺竟说：请杀、请杀！

3. 思想麻痹、不能顺应时势。肃顺认为既然咸丰已经说过经八大臣议定的事可以不经两宫太后批准，那么他作为八大

虽有智慧，不如乘势；虽有镃基，不如待时。——《孟子》

臣之首就自然是权倾朝野、无人能敌。但是他没有想到，规矩是人定的，咸丰帝在的时候，能帮肃顺撑腰，咸丰帝不在了，一切势力就会重新划分。

也许是肃顺性别歧视严重，他从不认为慈禧一个女流之辈敢于反抗先帝遗愿，当然更没有想过她在权力斗争上有肃顺自己所不具备的胆识与贪欲。当慈禧以和解为目的向他示好时，他居然信以为真，卸任上虞备用处和粘杆处这两个最重要的宫中差使，使得自己在慈禧与恭亲王奕訢合谋发动“祺祥政变”时，手中没有一点兵力。

在回京途中，慈禧让肃顺护送咸丰灵柩，和另外七个顾命大臣分开走，将他们分而制之。肃顺在密云与先到北京的同党同时被捕。咸丰托孤的八大臣之中，怡亲王载垣、郑亲王端华都被迫自杀。对于肃顺，慈禧违背大清宗室不得砍头处决的祖制，要把肃顺在北京菜市口刑场上公开斩首示众以泄愤。肃顺好汉到底，死前一直大骂不止，直到临刑都不肯下跪，刽子手只好先用铁锤打断了他的腿。

肃顺是咸丰当政期间位极人臣，受尽宠信，被咸丰任命为受命八大臣之首。但咸丰尸骨未寒，他却身首异处，而且死后也没有人为他歌功颂德，一直以来以白面奸臣的形象出现在各种民间传说之中，不能不说是一种悲哀。但是这也正是他的作风之刚烈、处世之死板，为自己种下了苦果。

（高鹏云）

危机决策时如何处理沉没成本

在20世纪30年代，印尼的一个小村庄里有一个小姑娘，14岁就从农村到城里给人家做保姆。离开村里的时候，她身上带了5个卢比。干了20年，从保姆、清洁工、纺织工、工厂经理到业务主管等。35岁的时候开始创业，干了30年，成为印尼的一个富豪，有百亿卢比的身价。在她65岁的时候，

不为不可成，不求不可得，不处不可久，不行不可复。
——《管子》

与几个很强的国际企业竞争一个很大的能源开发项目，她倾其财富投注于项目中，当时所有人都认为她不应该那样，风险太大，没必要。结果她最后胜了。之后，有人问当时她是怎么想的。她说，当初从农村出来的时候，身上只带了5个卢比，如果失败了，全军崩溃，她只不过失去了当初的5个卢比和一些利息而已。她要做的事情无非是找回那5个卢比而已。

在现代化的经济管理活动中，财务制度条目冗杂、项目繁多，除了专业的会计人员，恐怕没有几人可以理清浩如烟海的报表与文件。但是这位印尼的女富豪化繁为简的本事可以说是无人能敌。她的话看似天真可笑，实则极具智慧。很多人在作决策前，尤其是事关前程的重大决策前，通常都会鼠首两端、犹豫不决，惦记着已有的成就又放不下将来的发展，结果往往鸡飞蛋打、坐失良机。经济学把已经投入的成本称为沉没成本，在进行未来投资以前，不需要计算沉没成本，否则就会被过去的成败拖住手脚，无法发挥。倒不如学学这位印尼女富豪，把过往功绩完全抹消，一切从头开始。

一个希望从事教育工作的大学生十年寒窗后，毕业分配到一所小学。他非常不满意，毕竟自己是大学本科生，而同事最好的也只是专科毕业。更让人难以忍受的是，学校没有分给他任何教学工作，而只是管管后勤、打扫卫生之类的。一年以后，他决定趁着青春斗志还没有完全磨灭的时候，辞职到一个更有前途的地方去。

这时刚好是一年一度的新生入学时期，管理健身器材的他被学校分配为学生量体重。这是又一个非常枯燥乏味的工作，只需要把每个学生的体重记录下来，然后让下一个站到体重秤上去。他发现几乎每个称过体重的学生都在抱怨自己又胖了。他很奇怪，就问一个年长的管理老师这是怎么回事，老教师检查了一下体重秤，惊呼到“你怎么没有归零呀?”原来体重秤用过几次以后，指针就不能回到零，而是在零处偏右一点，这样后来的学生再称就不准确了。

大学生顿时明白了自己有多么糊涂，堂堂大学毕业生，连体重秤要归零都不知道，有什么理由埋怨别人呢?而连体重秤

天时不如地利，地利不如人和。——《孟子》

都要归零，更何况人了。人如果永远都惦记着自己已经投入的成本，而无法从零开始的话，那么就永远无法准确、清晰地作出决策，如同那台体重秤一样。

年轻人决定一切重新开始，以新人的姿态融入学校工作，向长辈虚心请教，与同事真心相处，终于在几年之后，成为了学校的教学骨干，实现了梦寐以求的愿望。

所以领导者在进行重大问题的决策时，既不要担心失去已有的投入，也不要担心能否延续过去的辉煌，把自己归零，一切重新开始！

（高鹏云）

和而不同——危机时期的人才战略

战国时期，齐国的孟尝君喜欢招贤纳士，他对宾客来者不拒，无论什么人只要有一技之长，都能在他那里求得一席之地。其中，当然有文治武功、助他东山再起的冯谖等人，也有一些没有什么本事，但也能够在关键时刻派上用场的小角色，比如众所周知的鸡鸣狗盗之徒。

有一次，孟尝君率领众宾客出使秦国。秦昭王久闻大名，想留他在秦国辅政。但大臣们不愿意了，劝秦昭王说："孟尝君怎么会甘心留在秦国呢？他是齐国的公子，在齐国领地众多，是不会尽心为秦国办事的。但是他这种有才能之人，如果放虎归山，终将会与秦对峙，还不如现在把他杀掉。自己用不到的人才，也不要留给敌国才好。"秦昭王觉得这样也很有道理，他把孟尝君软禁起来，到处找机会杀掉他。

孟尝君害怕了，马上跑去求昭王最宠爱的妃子，希望她能帮个忙。美人说："没有问题，但是我想要你那举世无双的狐白裘。"狐白裘非常珍贵，孟尝君也只有一件，而且已经把它送给秦昭王了。孟尝君正在犯难之际，他的一个门客说："我会挖狗洞偷东西，不如让我来办。"这个门客果然不负众望，

任贤使能，治定功成。
——《论衡·问孔篇》

轻易地钻进储藏室把狐白裘偷出来。妃子见到狐白裘高兴极了，想方设法说服了秦昭王。秦昭王也一时糊涂，答应过两天为他饯行，送他回国。

孟尝君可不敢等，立即率领手下人连夜潜逃。到了函谷关正是半夜。按秦国法规，函谷关每天鸡叫才开门，半夜时候，鸡可怎么能叫呢？大家正发愁时，“喔，喔，喔”一声鸡鸣，满城雄鸡都开始叫了。守关的士兵虽然觉得郁闷，怎么刚睡着鸡就叫了呢？但也只得起来打开关门，放他们出去。原来，是孟尝君手下的另一个门客在学鸡叫。而鸡是最喜起哄的，听到别的鸡叫，就会扯开嗓门跟着叫。孟尝君于是靠着鸡鸣狗盗之士逃出了秦国。

天亮了，等秦昭王明白过来，马上派人追赶孟尝君时，孟尝君已经杳无踪影了。

可以说，孟尝君此次脱险缘于他不拘一格接纳人才。他既能够让有才能之人得以大展宏图，也不轻视雕虫小技。所以当他遭受灾害时，总有人帮他逃脱。

后世王安石曾经在《读孟尝君列传》一文批评孟尝君，说他广招宾客虽然有一定价值，但是所招揽的不过是些鸡鸣狗盗之徒，倘若他早先任用贤良而不是此等鼠辈，那他根本就不会落到秦昭王手中，也就谈不上现在的胜利大逃亡了。

王安石虽然聪明绝顶，但是他这种分析方法却也是有失偏颇。战国群雄纷争之际，父子反目、手足相残，谁能预测自己的将来，多几个帮手，说不定就多了几条活路。

古之士，遭治世不避其任，遇乱世不为苟存。——《庄子·让王》

公元前522年，齐景公在晏子的陪同下打猎归来，看到梁丘据远远地赶来，高兴地说：“看来，只有梁丘据能和我相和啊！”

晏婴说：“梁丘据与您只能说是同，怎么能说是和呢？”

齐景公说：“和与同还不一样吗？”

晏婴答道：“当然不一样了。和就像制好的肉羹，用醋酱盐梅烹调鱼肉，以薪炎炖煮，厨师再加好各种调料，口味佳美，君子食之，平其心火，这才叫和。先王治民也用济五味、和五声之法，以平稳百姓之心，使政治成功。演奏音乐也像调味一样，有一气、二体、三类、四物、五声、六律、七言、八风、九歌，这九者相和，然后才能成为一首优美的乐章。君子听了，可平其心，可和其德。现在梁丘据却不是这样，您只要一说行，他就说行；您要说不行，他就说不行。这就像做饭时水里再加上水，谁能吃呢？弹琴时只是一个声音，谁能听呢？他的这种行为就是‘同’，不是‘和’。”

齐景公虽然很宠爱梁丘据，也不得不承认：“你说的话很有道理呀！”

子曰：“君子和而不同，小人同而不和。”君子共事，讲究的是和谐共处而不是同污合流。君子虽然高风亮节、读书满腹，但他从来不要求别人和他一样。君子交朋友、招人才，只是着眼于组织的和谐生长，和工作的完美无缺，绝不是拿自己做尺子要求别人怎样。也只有这样，才能保证组织中存在弹性、活跃的新鲜血液，在特殊时候发挥自己的重要作用。

这就像孟尝君在招揽人才时所做的一样，即使这些人如鸡狗一样渺小，放在合适的地方却同样可以扭转大局。让那些鸡狗在最恰当的时候以最合理的方式出现在历史的舞台上，倒是孟尝君的过人之处呢。

（高鹏云）

用好普通人——危机时期的人才战略

《韩非子》中有一个小故事，伯乐相马水平一流，很多年轻人向他拜师以求一技之长。伯乐如何对待这些良莠不齐的年轻人呢？他从来只将相千里马的功夫教给那些不喜欢的人，而对喜欢的人却只教他们相普通马的功夫。

他的朋友为之不解，问他：“你为什么要教那些讨厌的人相千里马，而只教可爱的人相普通马呢？”

伯乐笑道：“这还不简单，千里马难得一见，获利很慢；而普通马却日日买卖，获利丰厚。当然要把赚钱的生意教给那

学者非必为仕，而仕者必如学。——《荀子·大略篇》

些喜欢的学生啦。”

说起人才，大家头脑中想到的应该是比尔·盖茨、柳传志这样的时代先锋，或者是像马化腾、牛根生这样的行业精英。但是这种人物凤毛麟角、世间少有，可遇不可求。而政府或企业中最为需要的倒很可能是虽然资质平平，但是兢兢业业、忠于职守的普通人。这样的下属多多益善，但也同样难于寻觅。近些年来国内频频爆发技师荒，熟练焊工的年薪竟然与企业高管相当，就是因为这种看似普通，实则珍贵的实干人才的短缺。

在政府和企业正在用人之际，却无人可用之时，领导者应该如何处理呢？二战期间的通用公司应该可以为您做出良好的榜样。

二战期间，德雷斯塔特是通用公司下属部门卡迪拉克的负责人。他热情洋溢、滑稽有趣是个人人爱戴的人物；他不拘小节，老是穿着老旧的毛呢夹克，上面还被烟斗余烬烧得一孔一孔的。德雷斯塔特的秘书总会在她自己的置物柜里放几双皮鞋，以防德雷斯塔特又穿了两只不成对的皮鞋来上班。

珍珠港事件以后，美国忽然在战前准备极不完善的情况下被卷入战争，很多国防任务就只能降临在各大公司的身上。虽然国防任务刻不容缓，但是很多公司还是相互推诿。德雷斯塔特不顾高层的反对，承包了最可怕的国防任务——负责制造一种新型、须具有高准确度，而且是首次使用电子器材的投弹瞄准器。大家都知道，这种工作非得要技术高超的机械人员不可。当时，在底特律几乎所有成年男性都被征兵入伍，连一般工人都找不到，何况是技术纯熟的技工。德雷斯塔特说：“我们一定要做到。假如卡迪拉克办不到，谁还能做得到？”

然而，在底特律，唯一能充当劳工的，就是那些年老色衰的黑人妓女。德雷斯塔特一口气雇用了2000个这样的女人，让每个人惊慌失措。他还说：“把她们的鸨母也找来吧，毕竟她们懂得如何管理这些女人。”

这些妓女几乎都目不识丁，没有人可以看得懂那冗长的工作手册。德雷斯塔特说："我们没有时间教她们读书识字，再说，她们也学不会。"于是他走到工作台，亲自做了十几个投弹瞄准器。他知道怎么做之后，就叫人用摄影机拍下制造过程。他用放映机分别播放每一个画面，加上一连串的灯号指示：红灯表示已经做完的部分，绿灯显示即将进行的工作，而黄灯则告知这些女工，在做下一步之前，该注意的事项。不出几个星期，这些没有技术的文盲已经能交出令人满意的成品，而且比以前技术纯熟的技工的生产量更为惊人。卡迪拉克的"红灯区"因此"远近驰名"，不仅在通用人人皆知，更轰动了整个底特律，也惹来许多不堪入耳的闲言碎语。但是，德雷斯塔特很快地加以驳斥："这些女人，是我的同事，也是与你共事的人。她们表现优良而且尊重自己的工作。不管她们过去如何，现在有权和我们一样获得他人的敬重。"

就这样，卡迪拉克按时按量完成了美国军方订单，德雷斯塔特在通用的前途也从此一帆风顺。他的操作教程成为现在广为使用的流水线教学手段，而他培养人才的方法和尊重员工的态度更值得所有人学习。人的天资各有不同、品行也大相径庭，但是每个人，即使如黑人妓女这样卑贱，都值得别人的尊重。在合理而适当的培养下，虽然不是每个人都能成为莫扎特，但是成为合格的技术工人却不是问题。如果能够明白这一点，现在企业屡屡遭受的人才匮乏就可以得到解决。

然而，这个故事的结尾却有些凄惨。大战结束后，士兵解甲归田，要求回到原来的工作岗位，大部分的妓女就得让位了。虽然，德雷斯塔特还是尽量和工会斡旋，希望至少能为那些女人保住几个职务。他说："有生以来，这些可怜的女人第一次得到合理的报酬，有不错的工作环境，而且得以享受人权。她们从来没有像这样找到自己的尊严，也会自爱。我们有责任拯救她们，免于再遭到受人排斥、鄙视的命运。"

但当时工会势力强大，绝对不是他可以抗衡的。大战过后，这些女人不得不被扫地出门时，很多因此自杀身亡。德雷斯塔特坐在办公室里，双手抱着头，泪水几乎夺眶而出。他

誉而危之，故人不知；厚而害之，故人不疑。
——《论衡·答佞篇》

说："上帝，原谅我吧。我辜负了这些可怜的女人。"

（高鹏云）

慧眼识危险

随着改革开放的进一步深入，招商引资成为繁荣地区经济的最佳手段。然而，在中国现行法制不完善的情况下，很多来内地投资的外商或台商其实是打着投资的幌子来进行各种商业诈骗活动。缺少经验的政府官员往往为其美好的许诺所骗，不知不觉地将大量人力、物力投入到如泡沫般美丽而脆弱的前景之上。

河北省某市为了吸引台湾某集团来开发区投资，不惜花费重金为其搭建厂房，招集工人。然而五年过去了，该集团的大陆负责人仍称还未准备好前期工作，不能投入运行，税金也无从谈起。但是这五年间，该市地价飞涨，当初为该集团建厂房而占用的工业用地几年间已经翻了两番。在热火朝天的房地产计划的驱动下，该市不得不以令人咋舌的价格将那块空闲厂房从台商那里买下来。这样，台湾厂商一文不花，就在大陆赚了几亿元。受到此种投资诈骗的政府官员也只能打落牙齿往肚里吞。

容易盲目地听信虚幻谎言而损失巨大的不是个别案例，此类诈骗不胜枚举，但很多人还是会甘愿受骗。

2006年以来，蔡某、周某、宋某、王某等利用伪造新西兰卡尼基迪国际投资集团证书，谎称有2000万元的投资能力，先后流窜于山东济南、聊城，山西太原，江苏海城，云南昆明、思茅，湖南长沙、岳阳，贵州贵阳，辽宁营口，天津，湖北十堰、武汉、黄石等地，以虚假的10亿美元存单、资金证明为诱饵，利用一些地方项目建设融资困难、引资急于求成的心理，以投资融资需要项目前期考察为借口，向引资人员索要启动资金、差旅费用，多则十几万元，少则几千元，钱一到

用兵无备者伤，穷兵者之。
——《孙膑兵法·威主问》

手，立即逃离案发地。该团伙诈骗作案数十起、诈骗钱财近千万元。虽然这个诈骗犯罪团伙最终被东岳公安局所摧毁，但他们对受害者造成的损失却难以挽回。

还有一类投资诈骗，是利用投资人贪婪本性诈骗他们投资根本不存在的项目，一旦项目资金到位，拿着大把资金的承包商就会立即销声匿迹。

下面就是一件发生在韩国的投资诈骗案。

《实尾岛》、《飞扬吧，太极旗》等韩国大片大获成功，投资商以几亿韩元的投入赚回了上百亿元的票房收入，电影周边产品的利润更是无法想象。虽然在正常视角下，这种好运气并不经常有，但是求财心切的电影公司老板还是对此类题材的电影大开绿灯，只要涉及南北问题的影片，总能够轻松获得投资。

韩国汉城检察厅正式以诈骗罪起诉电影导演李某。

检察厅表示，电影导演李某 2002 年开始到处找投资者。并扬言要拍摄投资 85 亿韩元的电影。并巧言欺骗投资者称，能保证 5 倍以上的高回收率。但是后来证实该导演根本没有拍摄类似的电影，检察厅判断该行为带有诈骗性质。据调查该导演已经诈骗很多次，先已查明的金额是 1 亿 5 千万韩元。检察厅表示随着调查的深入，受害者的数量可能会增多。

这些电影投资诈骗者大多都是借能拍摄像《实尾岛》等大片，能带来高收益为诱饵进行诈骗。《实尾岛》、《飞扬吧，太极旗》等韩国大片获得成功之后，类似的诈骗不断增多。《实尾岛》的导演对此现象表示担忧。担心这样的现象会给刚刚开始有起色的韩国电影事业带来负面影响。并告诫电影投资者不要盲目投资，以免掉入诈骗陷阱。

人类趋利的本能会使原本聪明的人晕了头脑。面对防不胜防的商业欺诈，也许百余年前英国证券交易所的犹太老板弗里德伯格的意见最能为各位领导提个醒。在管理大师彼德·杜拉克的回忆录《旁观者》中，他详细地描述了这位久经沙场的老投资家如何清楚地一眼就看出骗子本性，逃离了巨大损失的。

弗里德伯格对人有相当不凡的见解。有一次，有个来头不

悖而出者亦悖而入。——《大学》

小的人来找他，并带来一份看来万无一失、连傻子都能明白的计划书，伦敦所有的大银行都已经跟他签了约。介绍他来的人也是个大人物。那人的背景更是无懈可击，曾任一家大保险公司的最高财务主管。弗里德伯格公司里那两名年轻合伙人莫赛尔兄弟，简直是大喜过望。弗里德伯格公司能和市区各大银行密切合作，还是破天荒的第一次，而且这次的交易看来绝对稳当。但是弗里德伯格却说："不行，那个人是骗子。"尽管莫赛尔兄弟气急败坏地以离职作为要挟，弗里德伯格还是坚决反对。3个月后，那个人果然失踪了，卷走了从各大银行筹募的500万英镑。

于是我们问他："你怎么知道他不是合作的好对象呢?"

"实在是再明显不过了，我真不懂你们为什么没有人看出来。那个家伙似乎已经为每个问题都准备好了标准答案，答得太巧妙了。诚实的人不是这样子的，也不必这么做。"

都说犹太人掌握着世界的财富，但保住这些财富也并非易事，弗里德伯格不仅是经济战争的个中高手，也是洞悉人性的天才。要在重大金融决策面前不被欺骗，除了戒贪戒躁以外，更要熟悉人类的内心世界。社会上所有的争斗都是人心的争斗，在投资骗子面前，领导者要做的是如何控制自己的内心，同时洞悉对方的心思。

（高鹏云）

子曰："君子成人之美，不成人之恶。小人反是。"——《论语》

志不可满，乐不可极——避免乐极生悲

他信的父亲曾经对他说："在你的工作还没有准备好以前，不要从政。"但是他没有提到，在自己的工作已经准备好以后，也许也不应该从政。他信也许是非常优秀的商人和非常合格的丈夫，但他的确不会调节政坛纷纭，不会改善社会关系，不能处理政治危机。到头来，只能甘受其苦。

2007年8月，泰国再度上演了一场举世罕见的政变——

泰国陆军总司令颂提率大队人马以迅雷不及掩耳的速度废除了宪法、解散了国会和看守政府。总司令颂提于9月19日晚间在陈述发动政变原因时说，政变的原因在于泰国政治矛盾久拖不决、社会政治长期混乱、国家经济受到严重伤害。但是真实似乎没有这么简单，究竟为什么泰国会发生针对他信政府的军事政变呢?

他信·西那瓦（Thaksin Shinawatra 中文名：丘达新）于1949年7月26日出生于泰国北部清迈一个普通商人家庭，是第四代泰国华裔，1969年，他信考入曼谷警官学校，并以全校第一的成绩毕业，之后在警界工作，后弃警从商。他信曾于1973年获政府奖学金赴美国东肯塔基大学和休斯敦州立大学攻读犯罪学，先后获得刑事司法硕士学位和博士学位。

他信1982年创办了西那瓦电脑服务与投资公司。1986年，泰国政府开放电信业给私人经营，西那瓦电脑公司成为最先取得营业执照的电信公司之一。1990年，西那瓦电脑服务与投资公司上市，基本上垄断了当时泰国的电视卫星天线和移动电话行业。到90年代中期，他信已拥有4家上市公司中超过50%的股份。泰国、东南亚及西方媒体称他信为“电信巨子”或“电信业大亨”。

可以说，他信的人生道路一帆风顺。作为商人，他是泰国首富；作为丈夫，他与太太西那瓦集团董事长坤颖普佳曼·西那瓦婚姻非常美满；作为父亲，他有1个儿子2个女儿，孩子们都聪明、漂亮。

但是他仍然不满意，中国古代的读书人主张“学而优则仕”，从政是一个人最为崇高的理想。作为华人的他信，也觉得当自己事业与家庭安排妥当的时候，从政是最好的选择。

他信于1994年开始从政，同年10月出任外长。后来，由于不愿放弃在大公司的职务而与泰国宪法相悖，他信于1995年1月宣布辞去外长职务。1995年5月至1996年11月，他信担任泰国正义力量党领导人。1995年7月至1996年11月任泰国副总理。1997年8月至1997年11月再次出任泰国副总理。1998年，他信创建泰爱泰党并任主席。2001年1月，他

国虽大，好战必亡；天下虽安，忘战必危。
——《司马法·仁本第一》

信领导的泰爱泰党在议会选举中获胜，他信于2月出任泰国第23任总理。2005年3月，他信蝉联总理，3月14日宣誓就职。他成为了泰国第一个做满四年任期的总理，此外，他也是第一名通过选举连任的总理，在泰国广大的农村地区，他信的支持率高达70%。

但是这些闪亮的数字背后却隐藏着众多危险因素，这些因素如果同时爆发，必然让他信措手不及，而他最近的执政的轨迹，似乎无视于诸多危险因素，终于导致了政变危机的发生。

直接原因：

（1）权力幻影。正在美国纽约出席联大会议的泰国看守政府总理他信18日表示，他本人尚未就是否在新大选之后再次出任总理一职作出决定。这一表态暗示他还想当总理。他信的想法无可厚非，但是他的这一做法对于反对派明显不利。2005年才蝉联总理的他信在其第二次任职还不到一半的时候就开始为下一次竞选造势，无疑使各方反对派极其焦躁。因此参照以往一系列的不成功“逼宫”，反对派立即趁他信外出之际，派出军队控制了政局。

在这方面，他信的确应该学习华盛顿对权力的淡薄态度。当年，华盛顿立下总统不能连任两届以上的决定后，任官员如何挽留，也执意退隐。他信对权力的痴迷态度最终不仅没能让他再次连任，反而使他以极不光彩的形象下台。

（2）道德污点：利用政治资源谋私利。2007年1月，他信家族向新加坡淡马锡公司出售大部分股权，在泰国引起强烈震动。一些反他信组织认为，他信家族的这笔交易存在严重舞弊行为，使泰国国家经济受到损失。2007年1月23日，他信将其名下的西那瓦集团中49.6%资产，以19亿美元的天价出售给淡马锡公司。他信子女以每股1泰铢的价格，从控股公司购得股权，几天之后就以每股1.28美元的价格把这些股票卖给了淡马锡，而在泰国，人们不用为资产收益缴税。这样，他信23岁的长女屏通塔，一下子拥有3亿美元的资产，而其他亲属也所获颇丰。这一事件使得他信的反对者愤怒不已，泰国有媒体介绍说，早在他信出任总理后的三年间，他的家族资产

子曰：「志士仁人，无求生以害仁，有杀身以成仁。」
——《论语》

就已经翻了好几番，并在很多行业中形成了垄断。

(3) 贫富矛盾：经济许诺难以实现。他信上台后，给泰国带来了最迫切需要的政治稳定，并带领民众走出了东南亚金融危机，泰爱泰党深得草根阶层广大农民的爱戴。2000年以前，泰国的人均国内生产总值超过2500美元，被世界银行评定为初级发达国家，但泰国80%的人口生活在乡村，数以千万计的农民生活在贫困线以下。他信当选总理后，富有阶层与贫困阶层的收入差距从9.3倍减少到8倍。他信的经济政策触犯了许多城里人的利益。比如，“30铢医疗计划”降低了医院的利润，减少了医生的收入。政府推行的教育改革举步维艰，20所大学的1万多名年轻教师，因为参加他信倡导的脱离公职计划而加薪无望。国有企业股份制使得自来水、煤气、电力等公司的职工大为不满。

(4) 上层关系：与国王关系微妙。作为总理，在君主立宪制的现代国家中，应该与王室的关系非常融洽。但是，他信无视泰国皇室拥有最高的民众支持力和军方支持力的事实，并不主动讨好泰国皇室，以致皇室成员非常不满。

在国王拥有至高权力的泰国，军方没有国王支持不敢擅自发动政变。因此，有媒体猜测，国王并不支持他信政府，所以大胆参加了至少是默许了政变。

(5) 执政性格招致不满。在东方文化的影响下，大多数泰国人秉奉内敛、含蓄的处世风格，官场作风更是如此。但他信所受的教育使他具有西方开放式处世风格，加之骄傲自负的性格因素，他信行事时往往独断专行、不能调和各方利益，人称“以总裁的方式当总理”。他的这种性格特点既不被上流社会认可，也招致了很多泰国民众的异议。

他信的前半生是极其成功的，正是这种成功使他没有机会面对自己性格以及能力上的弱点。如果他只是在一个低微的职位上，这些弱点绝不是致命的，但是他过高的估计了自己的能力，偏偏要站在总理一职，这就使他的小弱点变成了大缺陷，最终众叛亲离，放逐国外。所以中国古代有谚语称：“傲不可长，欲不可纵，志不可满，乐不可极。”他信到了财富的顶端

认识自身的缺点，是一个人最高智慧的表现。——罗休夫柯

还不满足，还要冲刺权力的顶端，他的悲剧可以说是贪心不足，也可以说是乐极生悲。

当然，考虑到泰国政治的特点，以及他信领导的泰爱泰党的政治力量，可以想象，他信并没有离开政治舞台，他只是暂时离开了舞台的中心位置，等待着有朝一日重返镁光灯下。作为一个善于政治回旋的艺术家，希望他能够理清这次危机事件前因后果，对其执政方式进行一点转变，一旦东山再起，能够做得更漂亮。

（高鹏云）

如何在危机时刻从容应对媒体

1997年8月31日下午，英国王妃戴安娜与其男友多迪·法耶兹准备前往多迪在巴黎的私人住宅途中，为摆脱摄影记者的追逐，不幸撞在隧道中央的一根分界水泥柱上，多迪和司机当场身亡，戴安娜与保镖身负重伤，被送进医院抢救。凌晨4时，戴安娜因胸部大出血在医院逝世，年仅36岁。1年前，即1996年8月28日戴安娜与查尔斯王子刚结束了15年的婚姻生活，正式离婚。

这本来是件极其简单的突发事件，夫妻因为感情不和而离婚，一年以后前儿媳死了。英国女王伊丽莎白二世就是这样想的。在事件刚刚发生时，她并没有意识到问题的严重性，认为这是戴安娜所属斯潘塞家族的“私事”，与王室无关，所以拒绝了当时新任首相布莱尔要出席纪念活动、发表声明的建议，带着一家人到远离喧闹的王家围场打猎。女王的想法易于理解，她只是想让儿子与孙子尽快地从失去亲人的悲痛之中走出来，免受媒体的打扰。这如果发生在100年前，她的做法不会出现任何问题，因为那时英国王室握有实权，并且在民众心中有着不可侵犯的神圣地位。但是今天，世界上大多数国家已经废除了君主制，国王或女王除了继承下来的爵位与财产之外，

时间老人自己是个秃顶，所以直到世界末日也会有大群秃顶的徒子徒孙。——莎士比亚

没有任何实际权力。而且在民主思潮的影响下，越来越多的人开始质疑王室存在的价值，王室的尊严如风中之烛般岌岌可危。深受民众喜爱的“平民王妃”戴安娜的死亡无疑使英国王室的命运更加风雨飘摇。

被戴安娜的亲民作风和“婚姻受害者”形象征服的英国民众却不依不饶，电视受访者纷纷要求白金汉宫降半旗致意；报纸上出现《让我们看看温莎城堡的人有没有心》这样的标题；民间则流传着各种阴谋论的小道消息，认为王室秘谋杀死了戴安娜；有四分之一的英国人觉得应该废除君主立宪制。

英国女王现在面临两个选择：一方面，坚守立场，决不低头。毕竟，戴安娜在离婚前已经出轨，不经王室同意擅自接受媒体采访，出言不逊，大大贬低了王室形象。可以说，戴安娜是被女王驱逐出白金汉宫的，所以女王对她的同情只能适可而止，保持王室神圣不可侵犯的尊严才是她的最终立场。另一方面，戴安娜的亲民形象极得人心，在媒体的报道中，她是被政治婚姻扼杀幸福的平民女孩，是援手救助苦难的亲民王妃，是慈爱且严厉的母亲。如果王室在这个问题上处理不好，很可能招致臣民们的不满，甚至排挤。

对女王而言，排除她与戴安娜的私人恩怨，解决问题的关键在于，她如何认识与理解君主制在一个民主国家中的地位与作用，女王的神圣地位到底要怎样维护。在这一点上，她同意了查尔斯在剑桥大学学习时对君主制所作的总结：君主立宪是有价值、有用的体制，但公众对君主政体的崇拜可以轻易地转化为不满。如果王室做不到现代化，不能谦逊地走进平民，只关心抽象的“民生”和国家形象，最终遭到政党和人民的抛弃。反之，如果王室主动地接触人民，参与拟定正确的意见，并对政府的决策进行有效的反馈，或将会延长王室的寿命。

虽然现实生活中的戴安娜决非毫无过失的圣女，但既然大家都这样认为她，那些真正熟悉她的人、那些深受其害的王室成员，就必须遵从民众的意愿。因为只有这样才能够赢得民众的尊敬。女王最后作出了让步，她为戴安娜进行了王室葬礼，在公共声明中发表了对她的敬意与惋惜。可以想象，女王的这

真正的自由是有做你应该做的事情的自由，而不是获得你想要得到的自由。
——蒙哥马利

一做法极大地挽救了王室的公共形象，使她与民众站在了一起。人们对待王室，不再像对待一个杀人凶手一样痛恨，而是像对一个失去了亲人的家庭一样充满了怜悯。

伊丽莎白二世在戴妃葬礼过后显得异常大度，于 2001 年始下令公布王室每年开支，开放白金汉宫以吸引外国旅游者，并打破 300 年来的禁例，首次出售王室地皮以冲抵开销……甚至在一部所谓美国纪实故事片《父与子》将查尔斯长子威廉王子描绘成一个吸毒酗酒的好色之徒时，女王也没有采取像样的法律措施。她甚至允许白金汉宫在夜间首次亮灯，为街上的情侣们营造背景光。

世界在变化，没有一个王朝可以在无视人民立场的情况下屹立千年而不倒。英国人民之所以容许君主制的存在，是因为他们缅怀在过去的 1000 年中为他们营造福利的伟大君主们，而不是因为上天赋予了王室什么特权，使他们可以永远高枕无忧。

在影片《女王》中，情绪低落的伊丽莎白女王对母亲说："当你不再理解你的人民时，也许已经到了将权杖交给下一代的时候了。"

（高鹏云）

人们为自己做出了漂亮的事情而沾沾自喜，但是事情的成功往往是由于侥幸，而不是预先设计好的。

——拉罗什富科

将危机化作转机——如何面对退休

领导者遇到的最郁闷的事情恐怕就是退休了，退休就是放弃一生创立的丰功伟绩重新回归平庸的生活，就是在你积累了丰厚的经验与阅历时却再没有人向你请教，就是在你终于大权在握时却再无权力发号施令，就是在你觉得自己功高盖世时却连个逢迎拍马的人也找不到。刚退休的日子就像婴儿学步，身体四肢全不由自己使唤，跌跌碰碰，对一切都感到不顺心、不舒服。所以很多人不愿意退休，但是，法令又不能违抗，就只有整天在困顿与埋怨中数日子。

其实，也不尽然，退休是人终于完成了社会赋予自己的任务，终于有时间、有精力、也有资本做自己以前朝思暮想的事情。范蠡辅佐勾践伐吴成功后立即退隐，继而在商业领域大展宏图，成为富可乱国的陶朱公。文种舍不得自己的功绩，终因功高盖主被勾践赐死。当今中国历史上也有这般聪明的人物，比如前联想总裁柳传志。

在60大寿前夕，柳传志从联想首席执行官之位上退休，离开了为之振奋数十载的联想集团。退下来的柳传志会做什么呢？一时间成为街头巷尾的热门话题，在大家的眼中，如果他不是整日长吁短叹，就是做继任的太上皇。但是，柳传志没有。60岁对于体力劳动者绝对是大限，但想想托尔斯泰80岁写出了《复活》，武则天80岁当上女皇，柳传志至少还有几十载光阴可以创建新的事业。2000年，他将联想分拆为联想集团和神州数码，分别交给杨元庆和郭为经营，他自己则抽身出来进行风险投资，成立了以成长型IT企业风险投资为主的联想投资，以整合传统企业为主的弘毅投资以及从事房地产业务的融科智地，负责联想控股下属公司的风险投资、并购投资、房地产等业务。

柳传志之所以能够自然、大胆地退出联想，主要是因为他在卸任之前就做好了充分的准备，他对接班人的培养与呵护在业界传为佳话。柳传志很清楚，世界终究是年轻人的，他们的所作所为即使有违自己的理念也必将是未来趋势。所以他一直制造各种机会让杨元庆、郭为、朱立南、陈国栋、赵令欢这些联想的“五虎上将”施展拳脚。这样，不用说退休，即便是百年以后，只要联想在，柳传志的生命就依然会从某种意义上延续下去。事实证明，他的想法通过了时代的考验，在联想分拆的第五年，郭为的神州数码营业收入达到198.65亿港元，超过了分拆的老联想。另外，联想集团也在杨元庆的带领下，终于找到了“做世界级的IT硬件制造商”的战略方向，且已初具跨国公司雏形。

“我的退出是为了让联想集团发展得更好。”于联想而言，柳传志的退出是为了公司的未来发展；而于自己而言，从联想

征服命运的常常是那些不甘等机会恩赐的人。
——马·阿诺德

退出也给了他一个重新冷静思考、认识自我的好机会。从此以后，他终于可以以旁观者的角度，更宏观地考虑企业的发展，从而进行向往已久的投资活动。

柳传志一直坚信，做投资是体现人生价值的最好方式，只有领悟世间百态，参透成功得失，才能慧眼识珠，找到瞬息万变的投资环境具有真正价值的领域。历经几十年的风风雨雨，柳传志做投资，既是利用了他的丰富经验，也对他是个难得的挑战。经过几年的发展，弘毅投资目前管理的资金超过55亿元，已投资32亿多元，被投资企业资产总额超过143亿元。2006年，被投资企业整体销售额为100亿元，利税总额接近13亿元。近期，弘毅投资又成功收购了石药集团。石药集团是中国内地最大的化学原料药生产基地和综合制剂生产基地之一，2006年实现销售收入60亿元。可以说，柳传志非常享受目前的新工作，做得如火如荼、有滋有味。

大多数时候，人们总是认为工作才能创造价值，因此对退休后无所事事的生活极为反感，很多曾经的业务骨干都会委靡不振、气息恹恹，甚至患上抑郁症。但反过来想想，人的一生何其短暂，与其让岁月湮没在忙忙碌碌的争斗与较量之间，倒不如拿出点时间来好好思考，退休为思考提供了最好时间与机会，让紧张了一辈子的神经放松下来。思考过后，退，可以好好享受无忧岁月；进，可以趁着余热再战征途。

（高鹏云）

成功一件事，千万不要等待着享受荣誉。——孟德斯鸠

利用危机摆脱困境

普通百姓看待危机，往往只能够感受它危险与恐怖的一面，不管是“9·11”还是“非典”，对国家和社会的危害都是不言而喻的，但是对卓越的领导者来说，这也许是仕途中的滑铁卢、使人一蹶不振，也许是一次难得的转机。

鲁道夫·朱利安尼（Rudy Giuliani）于1997年到2001年

间任纽约市市长。当时的纽约地铁曾是发案率最高的场所之一，他上任后不到一年，犯罪率最高的中央地铁站发案率就下降了33%。有趣的是，他所采用的不是增加警力、以暴制暴，而是将地铁站的背景音乐换成轻松诙谐的莫扎特音乐，让这些不绝于耳的高雅音乐冲淡了地铁站原有的“犯罪空气”。在他任职期间，市政府减税25亿美元，增加了就业机会，减少了靠社会福利救济生活的人数。

但是，他的市长生涯并非一帆风顺，在“9·11”之前，他正面临着从政以来的最大困扰。当时的妻子对媒体公布朱利安尼的婚外恋，巨大的离婚案赔偿使他心力交瘁；政敌利用这点对他大肆攻击，严重地摧毁他的公众形象；他被诊断为癌症，身体状况极差，不得不退出纽约州国会参议员的竞选。这时离他期满卸任还不足3个月，如果带着这种形象卸任，他的政治将就此告终。

然而，就在这时，纽约竟然遭受了史无前例的大劫难，但这却给朱利安尼提供了难得的表演平台，时至今日，很多纽约人还清楚地记得当时纽约市长的卓越表现。那个灾难性的日子里，美国总统和副总统因受到特勤保护而数小时无法公开露面，在众人惊慌失措之时，这位事实上的美国领导人在第一时间赶到现场，确切地说在世贸中心第二座大厦被撞击时他就已赶到灾难现场坐镇指挥。他出现在电视直播的屏幕上，以坚定的口吻和镇定的神态安抚惊魂未定的纽约市民。“事实上，他比总统更像一位领袖。”媒体这样评论说。朱利安尼所表现出来的勇气、能力和信念成为当时无比悲愤的纽约人的精神支柱。

朱利安尼也因此赢得了“美国市长”的美誉，获得了英国女王颁发的荣誉勋章，并当选《时代周刊》的年度风云人物。《纽约时报》当时的一篇评论说，如果不是任期的限制无法再继续连任，以朱利安尼的个人声望，如果他再次参选，无论对手是谁，他都会获得压倒性胜利。“9·11”事件成就了朱利安尼的政治明星地位，改写了他的人生轨迹，他在灾难从天而降时表现出的领袖风范，让人折服。

现实是引岸，理想是彼岸，
中间隔着湍急的河流，
行为则是架在川上的桥梁。
——克雷洛夫

在中国，也有在危机中脱颖而出的领导者，就是卫生部部长高强。如果不是2003年那场“非典”，按照副部级干部60岁退休的惯例，从财政部副部长调任国务院副秘书长的高强或许已经退休。但是一场突如其来的瘟疫让原本从事财政工作的高强在卫生领域有了用武之地。

所以说，天下太平自然为人所愿，但是危机时刻也并非一无是处，对于领导者来说，能够勇敢地面对危机、处理危机、利用危机为自己的从政生涯添加筹码，是政治生活中的必修课之一。

（高鹏云）

认识媒体的力量

陆纯初（Loke Soon Choo）拥有新加坡大学工商管理学位。1981年他进入IT行业，历任IBM、西门子Nixdorf新加坡公司和西门子中国公司和甲骨文公司，担当销售、市场和管理要职的销售、市场和管理等要职，其执行能力与企划水平必有过人之处。但是，在其作为EMC公司（总部设在美国的全球知名网络信息存储商）大中华区总裁期间，居然因为一封谴责信而被自己的秘书拉下马来，一时间成为街头巷尾的笑谈，的确是职业生涯中极无颜面的一出闹剧。他在这次闹剧中的失败，一方面来自于对下属的苛责，一方面也来自于他媒体，尤其是对新兴起的网络力量的忽视。

真理是诚实人的助手。——民间谚语

事情的起因是一件微不足道的小事。2006年4月7日晚，陆纯初回办公室取东西，到门口发现自己没带钥匙。而且由于当时他的私人秘书瑞贝卡已经下班，他的怒火无处发泄，就通过内部电子邮件系统给瑞贝卡发了一封措辞严厉且语气生硬的谴责信，并转发给了公司的其他高管。

结果，他“高估”了瑞贝卡忍耐能力。她非但没有按照常规用英文写一封委婉的道歉信，而且用中文回复了一封咄咄逼人的邮件，指责老板不应将自己的过错转嫁给他人。而且，她把这封邮件转发给了 EMC 中国公司的所有人。很快，瑞贝卡的邮件流传了出去，国内各大公司的员工争相转发，网上论坛的转帖也极为火爆。所谓“好事不出门，坏事传千里”，在网民的渲染中，陆纯初的谴责信逐渐从一个脾气暴躁的上司的不当行为变成了外资企业对中国员工压迫与欺诈，而瑞贝卡则成为国人有力维护自身利益的良好典范。在这场热火朝天的网络运动中，EMC 公司形象受到了极大的损害，而陆纯初也因此被迫离职。

在这场战斗中，瑞贝卡无疑是成功的。她聪明地选择了网络这个极其廉价而又极其有效的传媒系统，号召起同她一样饱受困扰的外资企业员工。正所谓“众口铄金，积毁销骨”，在庞大的群体发难下，陆纯初百口莫辩。

由于网络匿名性，有些网友开始指证陆纯初道德败坏、大失人心。他有个外号叫“三不见”：不见员工，不见客户，不见 partner。陆纯初是新加坡人，打心眼里看不起中国人，他到 oracle，到 EMC，第一件事情都是清洗员工，把重要职位全部换成香港、台湾人。所有这些都受到了 EMC 高层的注意，从 2005 年下半年开始，EMC 业绩就从快速增长转为下降，此时距陆纯初出任 EMC 大中国区总裁不足数月。最终，EMC 中国公司的多名高管将对陆纯初诸多不满联名告到美国总部，陆纯初也被迫下马。

传媒，一直掌握着舆论的走向，而网络，更成为一种新兴的舆论效应和一种更为有效的信息传播工具。网民，不只包括那些在网络上消遣的懒散之辈，更多的人利用网络建立了自己的信息空间，组成了自己具有独特价值取向的舆论团队。由于网络的廉价与便捷，它使得普通民众也能够掌握舆论导向。无视网络力量、怠慢下层员工，就会像陆纯初一样，在一件看似微不足道的小事上败下阵来。

无独有偶，漠视传媒力量而招致的危机，在国际政坛也屡见不鲜。

2007 年 8 月，泰国军方发动政变，泰国总理他信被赶出

道之以政，齐之以刑，民免而无耻；道之以德，齐之以礼，有耻且格。

——《论语·为政策二》

总理府。他信的下台众说纷纭，但他在处理与传媒巨子林明达的关系时，却绝对是他失利的原因之一。

他信的第一任期风光无限。他改变了泰国长期以来的军人专政，并带领民众走出了东南亚金融危机，深得草根阶层广大农民的爱戴。他信当选总理后，富有阶层与贫困阶层的收入差距从9.3倍减少到8倍。在他的带领下，泰国于2003年7月，提前两年还清金融危机期间向国际货币基金组织借贷的172亿美元债务。凡此种种，他信赢得了泰国民众的推崇。

林明达原先与他信私交甚笃。2001年，他信出任总理后，林明达旗下的媒体几乎成为他信政府喉舌。他信的金融政策与政治举措，在林的媒体渲染下被发扬光大，使他信在民众心中的形象仅次于泰国国王。可以说，他信的成功与林明达的有利支持是分不开的。

他信也对林明达知恩必报，2004年还特批林明达的脱口秀栏目《每周泰国》在官方电视台第9套播出。但他信由于内在的强硬性格和专制作风也逐渐与林明达产生了矛盾。自从2005他信连任总理后，这种状况越发严重，林明达生意上越来越少得到政府惠助。感到"兔死狗烹"的林明达心生怨恨，在《每周泰国》节目中抨击他信。不久，泰国政府以"缺乏证据、危害社会稳定"为由取缔这档节目，从而彻底地得罪了林明达。

林明达自然不是等闲之辈，他深谙传媒之道，每个星期五都在位于曼谷金融区的诗乐园举行集会，抗议政府，批驳他信的独裁。

自此，有关他信的丑闻也层出不穷。2006年年底以来，泰国有媒体介绍说，在他信出任总理后的三年间，他的家族资产就已经翻了好几番，并在很多行业中形成了垄断，不少人怀疑他利用职务之便为公司牟利。2007年1月，他信出售自家公司，被人指出他在股票交易中进行严重的舞弊行为，使泰国国家经济受到损失，而自己的亲属却在股票交易中获得了数亿美元资产。此后，反他信活动不断，要求他信下台的呼声也越来越高。在政变军方包围总理府期间，守卫总理府的警卫并没

子张曰："士见危致命，见得思义，祭思敬，丧思哀，其可已矣。"——《论语》

有反抗，城市里的居民还向政变的军人献上鲜花。

可见，企业领导也好，政府领导也好，任何人都不能小看媒体的力量。失去了媒体的支持，就等于失去了舆论导向，失去了民众的支持。

（高鹏云）

人不同能，而任之以一事，不可责遍成。

——《晏子春秋》

第五章　生活物语

我的心态我做主
保持谦卑的心
积极的习惯
放开束缚，整装待发
抵制诱惑——乌鸦和狐狸的故事
行动起来——用行动改善情绪和心态
钢玻璃杯
忙不乱性，死不动心
木鸡的境界
重视对后辈人才的培养
如何提升个人领导力
思路决定财富
知足常乐
职场人士应该学会如何职业“补氧”
职业生涯规划

我的心态我做主

一个人被烦恼缠身，在四处寻找解脱烦恼的秘诀。

他来到一个山脚下，看见一片绿草丛中，一个牧童骑在牛背上，悠扬地吹着横笛。他走上前去问道："你看起来很快活，能教给我解脱犯难的方法吗？"

牧童说："骑在牛背上，笛子一吹，什么烦恼也没有了。"

他试了试，却无济于事。于是，又开始继续寻找。

不久，他来到一个山洞里，看见一个老人独坐在洞中，面带满足的微笑。

他深深的一个躬，向老人说明来意。老人问："这么说你是来寻求解脱的？"

他说："是的！恳请不吝赐教。"

老人笑着问："有谁捆住你了吗？"

"……没有。"

"既然没有人捆住你，何谈解脱呢？"

他蓦然醒悟。

在生活中，我们的许多烦恼都是自找的。

其实，并不是事件本身让你有什么不开心，事件只是 A，而真正导致你不开心的结果 C 产生的原因，是你自己的信念，你的态度和看法，这才是你的问题，是 B。B 决定了你的 C，也就是结果，而不是 A 决定的。或者换句话说，是你自己让自己不开心的，而不是事情，你可以有能力选择开心，还是不开心。这就是 ABC 理论。

情绪 ABC 理论中：A 表示诱发性事件，B 表示个体针对此诱发性事件产生的一些信念，即对这件事的一些看法、解释。C 表示自己产生的情绪和行为的结果。

通常人们会认为是事件 A 直接导致了人的情绪和行为结果 C，可是你有没有注意到，同样一件事情，对于不同的人，会引起不同的情绪体验和行为结果？同样一件事情，结果两个

诚实与善良均来自良好的教育。——普卢塔克

人都没有成功。一个人无所谓，而另一个人却伤心欲绝。

为什么？就是诱发事件A与情绪、行为结果C之间还有个对诱发事件A的看法、解释的B在作怪。一个人可能认为：这次只是试一试，没有成功也没关系，下次可以再来。另一个人可能说：我精心准备了那么长时间，竟然没成功，是不是我太笨了，我还有什么用啊，人家会怎么评价我。于是不同的B带来的C大相径庭。

原来是自己让自己不开心，这听起来的确很有意思。

情绪ABC理论，告诉我们：要知道是自己的心态和信念造成了我们的情绪困扰。有些信念是不合理的，所以才让我们感觉到了负面的情绪，并直接影响到了我们接下来的行为。要让自己看到，这一切的原因是因为我们的B，而B又是可以改变的。

常见的一些不合理的信念主要有：

1. 在自己的生活环境中，每个人都绝对需要得到其他重要人物的喜爱与赞扬。我们都需要别人的称赞与喜爱，但是如果相信它的绝对化，就会花很多心思与精力去取悦他人，这样很容易丧失自我，也会让人处于长期的紧张担心中，担心能否被别人接纳。

2. 一个人必须能力十足，各方面至少在某方面有才能、有成就，这样才是有价值的。的确，凡事都需要我们尽力而为，但不必过分计较成败得失。如果要求自己十全十美，或过分要求自己在某一方面有成就，只能让自己永远当个失败者，在自己导演的悲剧中徒自悲伤。

3. 事事不如意是糟糕可怕的灾难。正视不如意的事，寻求改善之法；即使无力改变，也要善于从困境中学习。

4. 人的不快乐是外在因素引起的，人不能控制自己的痛苦与困惑。外在事物并不能伤害我们，倒是我们自己对这些事物的信念与态度让我们自己受到了伤害。所以，只要我们尝试改变自己的心态与信念，就可以有效地改变自己的情绪状态。

5. 对可能发生的危险与可怕的事情，应该牢牢记在心头，随时顾虑到它会发生。考虑危险事物发生的可能性，计划如何

上天完全是为了坚强我们的意志，才在我们的道路上设下重重的障碍。——泰戈尔

避免，或思虑不幸事件一旦发生如何补救，不失为明智之举。但过分忧虑，反而会扰乱一个人的正常生活，使生活变得沉重而缺乏生气。

6. 对于困难与责任，逃避比面对要容易得多。逃避困难与责任，虽然已得到暂时的解脱，但毕竟问题没有得到解决，而且可能还会因错过时机而使问题变得越来越难以解决。做自己一切能做的，直面困难。

7. 一个人过去的经历是影响他目前行为的决定因素，而且这种影响是永远不可改变的。无可否认，过去的经历对人有一定的影响，但这并不是说它们就此决定了一个人的现在与未来。客观地分析过去对现在可能存在的限制，善用自己的能力和机会，就可突破这种限制，使自己的现在与未来充满希望与生机。

8. 一个人应该关心别人的困难与情绪困扰，并为此感到不安与难过。关心别人是人的一种美德，但我们无须为别人的困难与不安感到难过，我们没有责任。需要的倒是帮助他们面对自己的困难与情绪困扰，并早日走出阴影。

这些信念你是否有呢？它们是否已经影响了你的生活？

生活中，总会碰到这样或那样的不如意，不要忧虑，更不要屈服。因为握住快乐钥匙的，不是别人，正是我们自己！

有人说："上司下属两层夹攻，活得真累！"这么说的时候，他已经把自己的钥匙交给了别人。

紧握住你的钥匙，我的心态我做主。

（张文青）

上帝赐给我智慧，让我去分辨哪些事情是我有能力改变的，哪些事情是我无法改变的。上帝赐给我勇气和胆量，让我改变我有能力改变的事情；上帝赐给我冷静和沉着，接受我不可改变的事情；

——王宗立

保持谦卑的心

任何人所拥有的一切，与浩瀚无际的宇宙相比，都只是沧海一粟，微不足道。不管你有没有做好准备，今天所拥有的一切，某一天都不会再属于我们，不管我们拥有什么、拥有多少、拥有多久，其实拥有的不过是那一瞬间。人誉我谦，又增一美；自夸自败，还增一毁。别人称赞你，能够表示谦虚，等于增加了一种美德；如果自我吹嘘，就会归于失败，还会受到人家的诋毁。无论何时何地，我们永远都应保持一颗谦卑的心。

有一乌龟看见老鹰飞翔在高空中，俯视万物，它非常羡慕。它也想飞到高空中俯视万物，怎么办呢？想了想，然后叼来一秆，对老鹰说："老鹰哥哥，请你叼秆的那一头，我叼这一头，把我带上天去游历一下吧。"老鹰答应了。于是乌龟也飞腾在高空中了。世人看见乌龟上天，大大喝彩。大家都忍不住赞叹："这个法子，是谁想出来的？真聪明！"乌龟一听，骄傲起来，忍耐不住，于是开口答道："我呀！"哪知这样一喊，秆头就从口中脱出，乌龟立即摔在了地上，成为肉糊。

人飞到高处，就容易忘了自己是谁，忘了自己是如何飞上来的，会有骄傲，会自我膨胀，这种高兴、自豪的心情是可以理解的。一不小心，在众人面前露出自己的气焰，虽然他们大多也会忍受，会压抑自己的不满，但是终究无法忘记这种不满。而这种不满又会在工作和生活中无意识地表现出来，他们可能会有意无意地抵制你，让你碰钉子。

飞到高处，就更要记得是什么让你飞到了这个高度，飞得越高，头要越低。无须炫耀你的高度，因为你的高度世人都看在眼里。因此有了荣耀时，要更加谦卑，要去感谢他人、与人分享、为人谦卑。

而谦卑并不等于自卑。自卑的人不知道自己的重要性，以为其他事物都比他重要，即使他有能力，但他看不见付出力量的价值，于是就不能表达出自己的能力与重要性；谦卑的人不是把一件事情从外表上来决定它的价值，真正的价值是要看事情的内容是否实在，是否有力量。谦卑的人肯接纳自己的长处，也了解自己的短处。他既能肯定自己的重要性，也能肯定其他人的重要性，所以他会尊重自己，尊重他人；而骄傲自大

不要把信仰悬挂在墙壁上。——巴尔扎克

的人只能肯定自己的重要性，不会肯定其他事物的重要性。

领导者分为两种，一种是只想着自己的领导，比较自私，还有一种是想着为员工服务的领导。一个典型的自私的领导者，在获得成功时，往往会把功劳归到自己头上，照着镜子，拍拍胸膛，说自己有多么厉害。

当遇到失败时，这种自私的领导便会谴责别人的过错。与其相反的是，当有服务之心的领导获得成功时，他会赞扬别人的功绩。而当失败时，这些优秀的领导就会站到镜子面前，审视自己："我是否有其他的做法可以让他们充分发挥自己的优势，做得最好?"

而谦卑的领导者，真正关心下属，满足其期望，也才能让其自愿追随!

瓶子装满了，便容易倾倒；若是装半瓶，就可以稳固地立起来。

这就是所说的"满招损，谦受益"。

拥有谦卑的心，便会感激，会想与人分享。主动表达出自己的感恩之情，同时也好好珍惜上天赐给他的、人们给予他的、人生经历的。

谦卑地活着，心存感恩地活着。

因为太阳每日升起，花朵静静地绽放，这些都不是理所当然，而是上天赐与我们的瑰宝。

谦卑地活着，心存感恩地活着。

因为身边可亲可敬的人们，你的下属，你的上司，你的同事，以及你的家人。

谦卑的心，不会骄傲自大，不会欺诈，也不会轻视他人；因为谦卑的心，就会有感恩的情，所以一切不如意，一切纷争都将微不足道。

（张文青）

吾生也有涯，而知也无涯。
——《庄子·养生主》

积极的习惯

一头驴子，不小心掉进了一口枯井里。它哀怜地叫喊，希望主人可以把它救出来。农夫绞尽脑汁也没有想到什么办法，最后还召集了邻居们，求他们出谋划策。商量了许久，还是没有想出什么好的办法。最后邻居劝农夫说：反正驴子也已经老了，救出来用处也不大，而且这口井早晚也得填上，不如索性把井给填了，然后重新去买头驴。

农夫听着也有道理，于是决定放弃。并请大家帮忙一起将井给填了，也正好将驴子埋了，消除它的痛苦。

农夫的邻居们人手一把铲子，开始将泥土铲进枯井中。第一铲泥土落到枯井中的时候，这头驴子显然了解到了自己的处境时，它叫得更凄惨了。但出人意料的是，一会儿之后这头驴子反倒安静下来了。农夫好奇地探头往井底一看，出现在眼前的景象令他大吃一惊：

当铲进井里的泥土落在驴子的背部时，驴子的反应令人称奇——它将泥土抖落在一旁，然后站到铲进的泥土堆上面！

就这样，驴子将大家铲倒在它身上的泥土全部抖落在井底，然后再站上去。很快的，这只驴子便上升到了井口，然后它在众人惊讶的表情中得意潇洒地走出了枯井！

生活总是不尽如人意，我们也会时不时地掉进枯井，而祸通常又不单行，往往后面会跟着一大串倒霉的事情。难道我们只能痛苦地哀号吗？

答案当然是“不”！

凡事都有两面性，有消极的一面，也会有积极的一面，而我们习惯了去填补消极，忘记了发展扩充积极的一面。好比一个游泳池，有出水口，也有入水口，如何让它保持一定的量呢？我们习惯了去关注如何堵住出水口，忘了还有入水口。积极的一面正如入水口，给我们灌注力量与希望。

如果驴子只是抱怨，只是哭泣，故事的结尾恐怕就要改写。因为它把全部的焦点都放在了“我要被活埋了”这个消极

真正体验生命，你必须站在生命之上。——尼采

事情上，没有精力也没有空间留给别的想法了，自然也就不会想到将土填到脚下来自救。它从消极的一面中找到积极，然后利用这积极为自己创造了生机。

所以试着去寻找事情积极的一面。可是，找不到怎么办？

给自己一个任务，这一刻开始，你要从所有的事情里面发现它积极的一面，一定要找到。你会发现，其实很容易。

一大早就被闹钟吵醒了，还想多睡会儿。不过，我很感激，因为我还活着，意味着可以继续我的梦想与生活。

今天停车的车位不好，只有最远的那几个车位了。不过，我很高兴，正愁没有时间锻炼呢，借此机会多走走。而且多幸运啊，我还有辆车。

上班发现下属办事不力，上司又责怪。不过，我很激动，因为发挥我能力的机会来了，又可以大展拳脚了。

一天工作结束时，累得腰酸背疼。不过，我很庆幸，这表示我有拼命工作的能力，有强健的体魄还有积极活跃的思想。

……

当然冰冻三尺非一日之寒，思维以及关注的方式并非一下子就能改变，所以从这一刻开始，从点滴小事开始，寻找积极的一面。

三个人向和尚卖梳子的故事，正是告诉我们，当上帝关上门的时候，一定给你打开了一扇窗。与其盯着紧闭的门而懊恼、烦闷，不如转身去寻找那一扇窗。

积极的思维习惯，养成积极的心态，成就积极的人生！

（张文青）

放开束缚，整装待发

一位旅行者，有一年他和一群好友到东非赛伦盖蒂平原去探险。当时，正逢东非遭受严重旱灾，在旅途中，他随身带了一个厚重的背包，里面塞满了食具、切割工具、挖掘工具、观

一生的宝藏，你要不断地挖掘它。——卡耐基

永远要记住，你的心灵就是你

星仪、护理药品等。一天，当地的一位土著向导检查完他的背包之后，突然问了一句："这些东西让你感到快乐吗?"他愣住了，这是他从未想过的问题。结果发现，有些东西的确让他很快乐，但有些东西实在不值得他背着走那么远的路。最后他决定取出一些不必要的东西送给当地村民。接下来，因为背包变轻了，他感到自己不再有束缚，旅行变得更愉快。

有些必需的东西不能放弃，但是可有可无的东西我们就得及时的清扫。心灵扫除的意义，就好像是生意人的"盘点库存"：你总要了解仓库里还有什么，某些货物如果不能限期销售出去，最后很可能会因积压过多拖垮你的生意。

有时候某些因素也会阻碍我们放手进行大扫除。譬如，太忙、太累，或者担心扫完之后，必须面对一个未知的开始，而你又不能确定哪些是你想要的。万一现在丢掉的，将来又捡不回来，怎么办？的确，心灵清扫原本就是一种挣扎与奋斗的过程。不过，你可以告诉自己：每一次的清扫，并不表示这就是最后一次。而且，没有人规定你必须一次全部扫干净。你可以每次扫一点，但至少应该立刻丢弃那些会拖累你的东西。生命里填塞的东西愈少，就愈能发挥潜能。

在定期扫除垃圾的同时，不要忘记每天为自己补充营养，这就是热情与活力。如果做任何事情带着热情与活力，它就会变得多彩多姿，因为它们能把困难化为机会。热情具有伟大的力量，鼓动我们以更快的节奏迈向人生的目标。19世纪英国著名首相狄斯雷利曾说过这样的话："一个人要想成为伟人，唯一的途径便是做任何事都得抱着热情。"

早上出门，对着镜子微笑，并大声告诉自己：新的一天，会有新的奇迹，相信自己！

准备一张小卡片，每天至少写下3件让你感到骄傲的事情。不一定是你成功了的，而是你付出努力准备的事情，即使没有成功，也要写下来，肯定自己的付出，鼓励自己。

一面墙，挂上一个公布栏，把所有能够展现自我价值的"奖状"都贴在上面：比如说辛苦设计方案；下属的认同，上司的肯定，或是同事送你的礼物。每天经过看一眼，你就能吸

下手处是自强不息，成就处是至诚无息。——清·金缨

收它带给你的正面能量。当然也要记得每个月更新。

就好比是一个浴缸，有热水也有凉水的管道，要同时调节这两种水的量，才能保持适宜的温度。凉水太多，记得放出去一部分，然后及时补充热水。

（张文青）

抵制诱惑——乌鸦和狐狸的故事

一只乌鸦站在树枝上，嘴里衔着一块味美无比的烤肉。在树下睡觉的狐狸闻到了香味，口水都流下来了。它特别想吃到这块肉。怎么办呢！狐狸眼睛骨碌一转，就想出了一个好办法。

它开始和乌鸦搭话了：乌鸦妹子！你今天可真漂亮啊！一身黑色礼服，真迷人！孔雀穿的都不及你！它太花哨啦！鸽子也不行，总是那件白衣服，真难看！

乌鸦呢，只是闭着嘴巴，不说话。

狐狸咽了咽口水，接着说道：那天，我听百灵鸟唱歌了，真是好听，可是它说乌鸦妹子你的歌喉更好！简直就是天籁之音！金丝雀也说你的嗓音好，听了你的歌之后，浑身上下的毛孔没有一个不舒服的！

乌鸦还是闭着嘴巴。

"我真想听听啊！不知道可有这个机会呢！今天天气又好，你穿得又漂亮！唱歌最合适不过了！漂亮的妆容加上动听的歌声，真是天衣无缝呀！"

……啊啊啊!!! 乌鸦终于忍不住了，它一张嘴，肉掉下去了，狐狸纵身一跃，把肉叼跑了。

这是小学课本里的故事，告诉我们不要轻信别人的糖衣炮弹。实际生活中，这样的事情很多，而恰恰糖衣炮弹是最防不胜防的，因为我们都愿意听好听的话，这是人的本性。作为一名领导人，相信糖衣炮弹更是不少，要如何才能在众多糖衣炮

一个善于捉弄别人的人，到头来常常会掉在自己所设的陷阱中。
——伊索

弹中不失原则与身份？

乌鸦与狐狸的故事经过几代传承，又出现了新的版本。

版本二：

可是乌鸦在高高的树上，狐狸根本就拿不到，这该如何是好？突然，狐狸想到了一个好办法！

狐狸装作不经意地走到树下，然后抬头惊喜地对乌鸦说，“哎哟，我说怎么感觉今天的树特别漂亮呢，原来是乌鸦妹妹在呀，难怪！瞧瞧，你那乌黑的羽毛多漂亮呀，真让人羡慕，再看看你那双乌黑明亮的大眼睛，又大又有神。这偌大的森林里有谁能比得上……”

乌鸦听着狐狸的赞美陶醉不已，都快摸不着东西南北了。狐狸接着又说：“再瞧瞧你这魔鬼身材，可真是没哪个动物比你更好了，只是……”狐狸欲言又止。

“只是什么?”乌鸦一听，皱起了眉头。

只是它一开口说话，整快肉就都从嘴里掉了下来。

而狐狸呢？早就叼着肉不见了影子。

此版本的狐狸比原版本的狐狸聪明了许多，先用扬，将乌鸦抬到高处，然后再用抑来激将乌鸦，名副其实的“糖衣”加“炮弹”。

说服他人做出符合自己意愿的行为，不外乎以上两个版本所体现的方法。即一是用利益来诱惑；二是用激将法来设陷阱。如何抵抗诱惑，跳过陷阱？不妨先来看看以下版本的故事。

版本三：

狐狸说了很多赞美乌鸦的话，可是乌鸦呢，只是闭着嘴巴，不说话。

狐狸想了想，又说：“乌鸦妹妹，你的歌声最动听了，如果能听到你的歌声，狐某我将是三生有幸！请给我唱一支歌吧!”

于是，乌鸦张嘴唱了起来，“啊……”狐狸赶紧接住树上掉下来的肉，紧接着传来狐狸痛苦而凄惨的叫声。

原来那是一块石头。

我们若已接受最坏的，就再没有什么损失。——卡耐基版本四：

狐狸接着又说："再瞧瞧你这魔鬼身材，可真是没哪个动物比你更好了，只是……"狐狸欲言又止。

乌鸦理也没理，拍拍翅膀飞走了。

面对利益的诱惑，面对激将的陷阱，要时刻保持清醒的头脑。

对于他人的赞扬与奉承，要心怀感激，但是感激并不代表我必须要为你做些什么。是中国的人情文化造就了"吃人嘴短，拿人手软"。而实际上，那是他自愿的单方面的行为，因此我们不必为此负担什么，更不必为此而觉得亏欠他什么。

对他说："谢谢你对我的肯定与赞扬，谢谢你为我做的一切。"然后对自己说，"我心存感激，想要报答他，但是并不代表我要为他做任何事情。"

而对于他人的激将，则更要清醒。做决定的时候问自己：我为什么要这么做？这样做对我有什么好处？

人生时时面临诸多诱惑，如果你抵挡不住诱惑，你就会成为诱惑的奴隶；如果你勇于抗拒诱惑，保持自我，你就能做好自己的事，成就自己的功业。就像狐狸的夸奖与乌鸦的肉。

清楚了解自己的底线，坚守住那条线，不要轻易让诱惑越过。

（张文青）

行动起来——用行动改善情绪和心态

"我现在情绪不好，状态太差，等我心情好了，我再开始工作。"情绪低落的时候，很多人喜欢这么说。即使逼着自己去做，也会发现效率很低，而且频繁出错。

可是，要等到什么时候心情才会好呢？如果不能马上改变，我们只能带着低落的情绪工作吗？必须是先有好的情绪，才能有高效的行动吗？

千淘万漉虽辛苦，吹尽狂沙始到金。——刘禹锡其实不然，心理学家研究发现，“行动可以改变感受”。也就是说，即使现在情绪不好，让自己去做一些事情，或许只是换个表情、改变一下身体的姿势，也能让情绪恢复过来。研究表明，如果一个人长时间坐在很矮的桌前，他的情绪会更偏向于抑郁和不自信。因为坐在很矮的桌前，人的姿势是蜷缩着的，正是这个姿势增加了人们的压抑感。

身体姿势就可以改变情绪？在此我们不妨做个小练习，看看行动到底对我们的感受会有多大。

你可以尝试先低着头、垂着肩走路，走上10分钟，记住你在这种身体姿势下的情绪感受。然后再让自己抬头挺胸，比较一下两种姿势的感觉。你会发现抬头挺胸的时候，你更有自信，而且情绪也更加高涨。

所以，当你情绪低落的时候，当你想低头的时候，告诉自己：我要抬头挺胸，脚步有力而稳健。

你甚至于还可以更进一步，走路可以试着蹦蹦跳跳的方式，它对你会有更大的改变效果，其原因为：(1) 那是个很不错的运动；(2) 你的身体会更有活力；(3) 可以消除你脸上严肃的表情；(4) 你可以给过路的人带来欢乐。

同样，改变表情也可以改变情绪。

心理学家们还做了这样一个试验。让一部分人不断地拼读“e”与“i”，然后测查他们前后的情绪状态的变化，结果发现他们的情绪都有一定程度的改善，而且生理指标也显示他们的皮肤电阻减少，也就是说情绪在改善。

为什么会这样呢？

因为当我们说“e”和“i”时，嘴巴往两边张开，嘴角上翘，不断读这两个字母，慢慢人们就会开始微笑。

其实单单借着笑也能带来很大的改变，如果你想改变自己的人生，何不每天没有理由地来上个三次五次大笑呢？笑实在是所有情绪中最受人欢迎的，笑促进血液循环、止痛、减压、增强免疫力、增强肺功能、促进消化、放松肌肉、减肥、美容、抗衰老。

近些年来，各大城市都开始流行“大笑俱乐部”。看其名

移风易俗，莫善于乐。——《说苑·修文》

称，就知道是让人大笑的地方。它有四种架式：

（1）弥勒佛式。双手抱头，慢慢转动腰身，向左摇，向右摇，嘴里发出“咦”的一声，然后“哈哈哈”大笑。

（2）中大奖式。双手抱着，略微弯腰，并喊出“中百万啦”，同时双手抛向空中大笑出声，就像自己真的中奖了一样。

（3）狮子张口。伸展双手，仰头，口中念着“呼呼哈哈”，张大嘴巴大笑。

（4）醉八仙。伸出双臂，作出拥抱的姿势，然后握起拳头，竖起拇指，双臂和上身一起摇动，并发出“咦……哈哈哈……”的声音。

我们脸上总共有超过 80 条以上的肌肉，通常是先有了情绪，然后通过神经才拉动这些肌肉。而现在，我们要做的就是先拉动你的肌肉，让你的神经把快乐信息再传递给大脑。

所以，不妨在随后的一个星期里每天早上面对镜子摆出个大笑脸，刚开始可能会觉得滑稽，会不习惯，不过只要你养成这样一个习惯，大脑就会记住这个动作，让你养成习惯性的快乐。简单的动作，却会带给你很多的乐趣。

我们的每 种情绪都联结着一种固定的身体语言，这些身体语言包括你的姿势、面部表情，以及语音语调。一旦知道什么样的情绪是什么样的身体语言时，当你想改变某种不想要的情绪，便可立即借着身体行动的改变而得到所想要的情绪。

如果你一直肩膀下垂着、走起路来双腿仿佛有千斤重似的，说话声音低沉、缺乏活力，那么你就真会觉得情绪很差。别忘了行动起来改变你的情绪，不要等到情绪好了才改变行动。所以深吸口气，抬起头来挺起胸，脸上堆满笑容，大声并有力地向人打招呼。

记住你快乐时候的身体语言，在情绪低落的时候，行动起来改变自己的身体语言。

（张文青）

天覆地载，万物悉备，莫贵于人。——《内经素问·宝命全形论》

钢玻璃杯

一个农民，初中只读了两年，家里就没钱继续供他上学了。他辍学回家，帮父亲耕种三亩薄田。在他19岁时，父亲去世了，家庭的重担全部压在了他的肩上。他要照顾身体不好的母亲，还有一位瘫痪在床的祖母。

20世纪80年代时，农田承包到户。他把一块水洼挖成池塘，想养鱼。但乡里的干部告诉他，水田不能养鱼，只能种庄稼，他只好又把水塘填平。这件事成了一个笑话，在别人的眼里，他是一个想发财但又非常愚蠢的人。

听说养鸡能赚钱，他向亲戚借了500元钱，养起了鸡。但是一场洪水后，鸡得了鸡瘟，几天内全部死光。500元对别人来说可能不算什么，对一个只靠三亩薄田生活的家庭而言，不啻天文数字。他的母亲受不了这个刺激，竟然忧郁而死。

他后来酿过酒，捕过鱼，甚至还在石矿的悬崖上帮人打过炮眼……可都没有赚到钱。

35岁的时候，他还没有娶到媳妇。即使是离异的有孩子的女人也看不上他。因为他只有一间土屋，随时有可能在一场大雨后倒塌。娶不上老婆的男人，在农村是没有人看得起的。

但他还想搏一搏，就四处借钱买一辆手扶拖拉机。不料，上路不到半个月，这辆拖拉机就载着他冲入一条河里。他断了一条腿，成了瘸子。而那拖拉机，被人捞起来，已经支离破碎，他只能拆开它，当做废铁卖。

几乎所有的人都说他这辈子完了。

但是后来他却成了一家公司的老总，手中有两亿元的资产。现在，许多人都知道他苦难的过去和富有传奇色彩的创业经历。许多媒体采访过他，许多报告文学描述过他。其中有这样一个情节——

记者问他：在苦难的日子里，你凭什么一次又一次毫不退缩？

他坐在宽大豪华的老板台后面，喝完了手里的一杯水。然

为者常成，行者常至。——《晏子春秋·内篇杂下》

后，他把玻璃杯子握在手里，反问记者：如果我松手，这只杯子会怎样？

记者说：摔在地上，碎了。那我们试试看。他说。

他手一松，杯子掉到地上发出清脆的声音，但并没有破碎，而是完好无损。他说：即使有 10 个人在场，他们都会认为这只杯子必碎无疑。但是，这只杯子不是普通的玻璃杯，而是用玻璃钢制作的。

于是，人们记住了这段经典绝妙的对话。这样的人，即使只有一口气，他也会努力去拉住成功的手，除非上苍剥夺了他的生命……“谁人背后无人说。”人生路上，被人们指指点点，品头论足，是很正常的事情。只要自己心里有把尺子，就当你想当的人，做你想做的事，去你想去的地方，让别人说去吧！

一个人所承受的压力和他的能力是成正比的，一个人所承受的压力越大，他所释放的能量也就越大。一位心理学家说：“一个人所发挥的能力，只占他全部能力的 4%。”据说，像爱因斯坦这样伟大的天才，其潜能的发挥也不到 10%。任何时候，只要我们相信自己，即使遇到毁灭性的打击也不放弃，成功的喜悦 定在等着我们！

（李　慧）

忙不乱性，死不动心

忙处不乱性，须闲处心神养得清；死时不动心，须生时事物看得透。
——菜根谭

“忙处不乱性，须闲处心神养得清”，是指要做到忙碌的时候心性不乱，必须在清闲的时候就培养好清醒敏捷的头脑。而我们却恰恰相反。在清闲的时候，我们往往纵情山水，流连声乐，将之当作人生的乐场，恣意洒脱。待到问题如山洪暴发般汹涌而来时，顿时神魂失守，不知所措。

乐天派相信：车到山前必有路。这话或许不假。但是，这条路对于你而言，是一条完全陌生的、不期而至的路。这条路也许杂草丛生，乱石纵横；也许人迹罕至，毒蛇出没。也许只是一条羊肠小道，根本无法行车。也许根本就是一条死胡同。如果你是为了探索大自然未尝不可。否则，就要责问自己——为什么到了山前才想到有没有路？你或许会很委屈：乐观难道不是一种美德吗？

不错，乐观是一种美德。但乐观不是放任自流，不思进取。而是在极端地失意、落泊时用来振奋自己而不至于沉沦。在你的人生风平浪静的时候，你没有理由也不应该再去盲目地乐观。否则，就是颓废。生于忧患、死于安乐是一个亘古不变的真理。因为事物永远处在不断的变化之中。就如同6月的天气，刚刚还晴空万里，转眼便是电闪雷鸣。你若是沉迷于安乐，危险就离你不远了。想当年大清王朝，康熙、雍正、乾隆三朝，号称康乾盛世，居百国之首，何其威风！当年的大清英主和大清子民，坐躺在康乾盛世里，或许也曾经乐观地幻想过江山永固。却不曾想，若干年后，一个毫不起眼的英吉利蛮夷，竟然骑到了天子国度的头上撒野；唐朝时的手下败将日本，将大清的海军全军覆灭。前进的动力是在对现状的不满足中所产生的。满足于现状就意味着失去了前进的动力，开始走下坡路了。

英雄不论出身。机会对于每一个人都是平等的。如果是感叹自己出身卑微、输在了起跑线上，那么，请你比较一下以色列。以色列整个国家是建立在一片沙漠之上，缺少淡水，没有资源。四周都是不友好的中东强国。可是，就是在这样的一片废墟上，以色列却创造了奇迹，成了军事经济的强国。所以，不要去羡慕那些比你成功的人。他们之所以比你成功，是因为他的努力比你多，付出的牺牲比你多。如果你不能提前做好准备，那么在机会来临的时候，你就连抓住机会的能力都没有。纵然有再多的机会，于你又有何益？

“死时不动心，须生时事物看得透”，是指要想在死亡面前不感到畏惧，必须在平时对人生悟得透彻。关于生死，感悟者众，可是真正能够悟得透彻者又有几人！正所谓：厌名利之淡者，未必尽忘名利之情。就算是英明如古代的君主，也不能彻悟生死。否则，又何必要到处寻求长生不死之药？再者，君王

「无知」是骄傲最肥沃的土壤。——秦牧

出口便是“家国天下”。在他们的心目中，家比国大。当家与国不能两全时，则必先保家而弃国。这也就不难理解为什么古代的君王驾崩时，明知太子尚且年幼或者是个傻子没有能力管理国家，也硬要把国家交给他，而置天下苍生于不顾。一个真正彻悟生死的人，会这样做吗？

相比之下，现代的不少企业家，思想上倒是更进了一步。他们明确表示，百年之后，自己的所有财产都无偿地奉献给社会，只给自己的子女留极少的一部分。在考虑接班人的时候，也不再局限于自己的家族。这样的人，才真正称得上是对生死悟得透彻之人。一个对生死悟得透彻的人，会以一种感恩的心面对生活的每一天，面对整个社会。他会去努力地过好每一天，让每一天都活出精彩。那么，在面对死亡的时候，又有什么可以畏惧的呢？

（李　慧）

木鸡的境界

周宣王爱好斗鸡，纪渻子是一个有名的斗鸡专家，奉命去负责饲养斗鸡。10天后，宣王催问道：“训练成了吗？”纪渻子说：“还不行，它一看见别的鸡，或听到别的鸡叫，就跃跃欲试。”又过了10天，宣王问训练好了没有，纪渻子说：“还不行，心神还相当活跃，火气还没有消退。”再过了10天，宣王又说道：“怎么样？难道还没训练好吗？”纪渻子说：“现在差不多了，骄气没有了，心神也安定了。虽然别的鸡叫，它也好像没有听到似的，毫无反应，不论遇见什么突然的情况它都不动、不惊，看起来真像木鸡一样。这样的斗鸡，才算训练到家了，别的斗鸡一看见它，准会转身就逃，斗也不敢斗。”宣王于是去看鸡的情况，果然呆若木鸡，不为外面光亮、声音所

巧伪不如拙诚。——颜之推

动，可是它的精神凝聚在内，别的鸡都不敢和它应战，还没有交手就都掉头逃走了。

纪渻子在训练斗鸡的时候，不是让鸡每天增加一点技巧，而是让它每天减少一些心理负担。这正像老子所描述过的修道过程——“为学日益，为道日损。损之又损，以至于无为”。也就是说，通常的学习，总是要逐步增加一些知识技艺，而修道则相反，要每天努力消除一些东西。人们不断地消除种种私欲杂念，也就不断地接近理想的精神境界。大智慧表现出来的也许是愚钝、高度的技巧看起来却有些笨拙、真正的勇敢往往被误解为胆怯。

外表的活泼、逞强、伶俐，都是好的，但是还不够，还需要不断地磨炼，把浮躁和妄动收敛起来，把力量凝聚于内，看似呆呆的，无啥稀奇，可是那些存心挑衅、争先恐后的斗鸡，碰到一动不动却内蕴真气的木鸡，却根本不得近其身，对方还未出手，自己先就吓破胆了。

如果想要战胜对手，那么首先就要战胜自我。动如风，不动如山，动与不动都是力量所在。战胜自我，首要的是摆正心态不浮躁，达到一种胜败都郑重的境界，丝丝入扣，有条不紊。就像我们职业成长一样，不管是公司的高层负责人还是政府的高级官员，心态不正而热衷于无限炒作，最终给人的印象内涵一定是返祖趋猴的奇特景观，蔚为观止，正面意义压缩到了最小，挖掘的可能都是类似木子美和芙蓉姐姐等昙花一现的产品组合；当然，陷入自我营造的“酒香不出巷”、“愿者上钩”的孤芳自赏之中，也无异于自恋傻瓜一个。

木鸡的境界，绝对是一种大境界，不浮躁，不慕奢华，就像剑客一样，尽管未必出剑必胜，但亮剑的境界一定充满了无限玄机和高度，甚至决定了成败。

（李　慧）

不要用皮鞭打他，要用真理说服他。——民间谚语

重视对后辈人才的培养

在日本有一个流传很广的鳗鱼的故事。古时候日本渔民出海捕鳗鱼，因为船小，回到岸边时鳗鱼几乎死光了。但是，有个渔民，他的船和船上的各种捕鱼装备，以及盛鱼的船舱，和别人都完全一样。可他的鱼每次回来都是活蹦乱跳的。他的鱼因此卖的价钱高过别人一倍。没过几年，这个渔民就成为远近闻名的大富翁。直到身染重病不能出海捕鱼了，渔民才把这个秘密告诉他的儿子。在盛鳗鱼的船舱里，放进一些鲶鱼。鳗鱼和鲶鱼生性好咬好斗，为了对付鲶鱼的攻击，鳗鱼也被迫竭力反击。在战斗的状态中，鳗鱼生的本能被充分调动起来，所以就活了下来。

渔民还告诉儿子，鳗鱼死的原因是因为它们知道被捕住了，等待它们的只有死路一条，生的希望破灭了，所以在船舱里过不了多久就死掉了。

渔民最后忠告儿子，要勇于挑战，只有在挑战中，生命才会充满生机和希望。

严介和这几年的新闻故事真多。一开始他是全国知名度不高的地方商界精英，突然间就跃至胡润中国富豪排行榜第2位。但是好景不长，2006年，胡润排行榜说严介和财富下降了三分之一。胡润版解释是，太平洋建设股权处在转让过程中，且企业发展速度减慢，过去一年承接的大量工程订单都处于开工前期。

严介和的中国太平洋建设集团有限公司名声比较好，也设置了各种公司治理结构的董事局、监事会，但大体还是一个家族企业或者类似家族企业。这种企业内的重大决策还是靠亲情和友情关系产生的一种妥协力量达成的，而不是一种法律框架下的妥协。企业的兴衰也与家族中的核心人物的兴衰成线性正相关关系。因此，这种企业还是信奉血缘继承的关系，寄希望

人类要在竞争中求生存，便要奋斗。——孙中山

于遗传能够把个人的智力和魅力统统转移。第二代企业领导人可以在第一代的高度上继续前进，企业的发展也可以再上一个层次。

有关媒体报道，2007 年 7 月 1 日，在太平洋股东大会暨董事局扩大会议上，严介和辞去了执掌 10 年的集团董事局主席一职，正式退休。新的董事局主席公布前，外界盛传太平洋董事局主席将由其即将大学毕业的儿子严昊接任。但是，严介和否认了儿子现在接班的可能性，同时声称从来没有把太平洋公司设计成一个家族企业，他认为自己的三零用人原则（零血缘、零情缘、零地缘）是脱离家族企业的一种路径。同时，他坦陈，儿子在今年完成工商管理专业的学习后，将从太平洋最基层的员工干起。“我已经和儿子私下交流过，他要想接我的班或者做商业领袖，起码需要 20 年的时间。”

目前，国内有一些专门的培训机构致力于培养企业家的后代，希望能够通过一种速成的办法提高他们的管理素质，同时采取严介和所说的那种办法，让后代在一手创立起来的企业从基层员工做起，在合适的一天把权力棒完全交接给他。这一幕幕，我们在韩国电视剧中常常见到。

诚然，第一代企业家的后代有众多的优秀者，但是，并不是每一个企业家都可以找出有企业管理和开拓能力的后代。

克虏伯（Krupp）家族在德国的知名度非常高。年事稍高的一些人总是用“你要像克虏伯一样的强壮”来教育自己后代。对这个家族企业贡献比较大的两个人，一是艾尔弗雷德·克虏伯，二是艾尔弗希德·克虏伯。前者的职业生涯恰遇德国铁血宰相俾斯麦的统治时期。在德意志统一运动中，普鲁士发动了多场与邻国的战争。艾尔弗雷德身在其中，个人的管理素质和企业家精神日渐强大，其家族企业也成为国际上首屈一指的军工企业。艾尔弗希德堪称“工作狂”，他的人生道路更是坎坷，有很得意的时光，也有坐牢的岁月。艾尔弗希德即将过世的时候，他看到了家族企业中企业家精神无法继续的现实，把自己所有财产转到克虏伯基金会，他唯一的儿子没有继承财产和公司。1968 年 1 月 1 日，克虏伯基金会正式成立。现在

路漫漫其修远兮，吾将上下而求索。——屈原

这个基金会成为德国声誉最好的公益基金会。大量的资金投入到包括中国在内各个国家的教育、医疗服务、音乐、文学和体育事业领域。

一个人的成功，不仅与其智力有关，而且与其成长环境有密切的联系。就像鳗鱼的故事一样，鳗鱼能够活下来，在于它的生存本能被调动起来了。同样，人要成功，必须勇于接受挑战。没有挑战的人生，看起来很舒服，实际上却只能是平庸的。作为著名企业家的后代，他们的成长环境往往很优越，很少遇到挫折和挑战，人生缺少很多历练。因此，认为龙生龙、凤生凤的观点值得商榷。

（李　慧）

如何提升个人领导力

一个印度人跟师傅学习搬山术，练了若干年以后，徒弟开始念咒语搬山，结果山不过来。徒弟抱怨山怎么不过来。师傅说，山不过来，那你过去，不就等于山过来了吗？你不能改变它，你就适应它。

不能改变环境，要适应环境；不能改变别人，就改变自己；不能改变事情，就改变对事情的态度。核心思想就是换个方式来思考，变成一种完全由自我来把握自己的心态，不能被环境、被别人的语言所左右和伤害。如果你自己不伤害你，别人的语言不能伤害你。

领导力专家吴维库教授认为，要提升个人的领导力，从外在的方面看，首先要认同企业的价值观，对制度有深刻的理解，如果发现某个制度和企业的价值观已经不匹配了，那么就要敢于去打破这个制度。要将实现企业的目标与实现个人的目标统一起来，不能将自己定位为打工仔，而要将自己定位为追

大量的友谊使生命坚强，爱与被爱是生活中最大的幸福。
——德尼·史密斯

随者。打工仔是被动的、无奈的、没有办法、不负责任、短期意识地为别人工作。这种心态的人在企业里面不会有前途，有这种心态的人领导不敢信任他，因为他责任感不强。要把自己定位成追随者，追随这个企业的思想，追随这个企业的价值观。追随者主动、认真敬业、为自己做事、认同企业价值观，所以他负责任、有远见，因此他能动、主动、认真、投入、责任感强地为自己做事。

所以领导者提拔的是那些追随者，而不是打工仔。老总现在都非常忙，因此他能够提拔和信任的人必须在他繁忙的工作当中有机会接近他、靠近他，跟他沟通，知道他的价值观，知道他要求的人。因此他提拔的人一定是经常跟他沟通的人，至少这些人是他最可靠的左膀右臂。所以说要想被老板提拔起来，被老总提拔起来，你要有机会尽可能多接近老总，吸收他的思想，接受他的价值观，修正自己的个人价值观。

一个人要想成为领导者，除了往上联系，还要往下联系。要在同级、下级面前展示你的能力，同时在同级和下级面前要有亲和力。试想，如果你业务很强，拿得起来，放得下，下属、同级非常喜欢你，认同你，同时上级也认同你，最后领导者不提拔你，提拔谁？

从内在看，决定领导力的因素是内在的心理素质，包括坚韧不拔的意志和健康的心态。这些都属于情商，能不能成为一个成功的领导者，情商比智商更重要，可以说，情商占了80%的因素。一个人如果有能力，但是怀才不遇，缺少的是机遇；一个人如果有能力也有机遇，但是却不成功，那么缺少的是情商。如果情商不够，就不会与人共事，不能与人沟通，结果就不能影响别人，就没有影响力。

一个人需要塑造宽容、认真敬业、团队合作、谅解、尊重、操之在我等阳光心态。不能改变环境，要适应环境；不能改变别人，就改变自己；不能改变事情，就改变对事情的态度。核心思想就是换个方式来思考，变成一种完全由自我来把握自己的心态，不能被环境、被别人的语言所左右和伤害。如果你自己不伤害你，别人的语言不能伤害你。

强烈的信仰会赢取坚强的人，然后又使他们更坚强。
——华特·贝基霍

怎样做到操之在我呢？有一个女士，结婚两年后，她生了个小孩，不幸的是小孩子生病死了，她的先生又把她抛弃了。她万念俱灰，准备投海自杀。这位女士上了一个老头的船，船到深海，她准备跳海，老头这样跟她说："姑娘，两年前的你与今天的你有什么区别？"姑娘说："两年前我是单身贵族，一个人吃饱全家不饿。没有先生的唠叨，也没有孩子的烦恼。现在我是一无所有。"老头说："我看你现在和两年前一样。两年前你没有先生，现在也没有，两年前没有孩子，现在也没有，跟两年前也一样，而且人也没怎么变。"姑娘翻然醒悟，微笑说："咱们不跳了，回去吧。"事情就是事情，事情没有好坏之分，好事情可以变成坏事情，坏事情也可以变成好事情。所以，改变不了事情，就改变对事情的态度，否则你就是属于与自己过意不去的人。因此，操之在我做事情是一种非常聪明的做事方法。

（李　慧）

思路决定财富

有两个人，一个体弱多病的富翁，一个健康的穷汉。两个人相互羡慕着对方。富翁为了得到健康，乐意让出他的财富；穷汉为了成为富翁，随时愿意舍弃健康。

一位闻名世界的外科医生发现了人脑交换方法。富翁赶紧提出要和穷汉交换脑袋。其结果，富翁会变穷，但能得到健康的身体；穷汉会变富有，但将病魔缠身。

手术成功了。穷汉变成了富翁，富翁变成了穷汉。

但不久，成了穷汉的富翁由于有了强健的体魄，又有着成功的意识，渐渐地又积起了财富。可同时，

与其结交可靠的朋友，不如使自己结交的朋友可靠。——王尔德

他总是担忧着自己的健康，一感到轻微的不舒服就大惊小怪。由于他总是那样担惊受怕，久而久之，他那极好的身体又回到原来那多病的状态；或者说，他又回到以前那种富有而体弱的状态中。

那么，另一位新富翁又怎样了呢？他总算有了钱，但身体孱弱。然而，他总是忘不了自己是个穷汉，有着失败的意识。他不想用换脑得来的钱相应地建立起一种新生活，而是不断地把钱浪费在无用的投资里，应了“老鼠不留隔夜粮”这句老话。钱不久便挥霍殆尽，他又变成了原来的穷汉。然而，由于他无忧无虑，换脑时带来的疾病不知不觉地消失了。他又像以前那样有了一副健康的身子骨。

最后，两个人又都回到了原来的模样。

在日常管理中，在领导工作中，在商场上，到处都体现着“穷汉成为富翁，富翁变成了穷汉”的道理，关键在于我们如何转变思路，把握机会。我们不妨来看几个例子。

（一）

人们在高档的饭店就餐时，服务员会给每人送上一条餐巾。但通常的餐巾掖在胸前卡不住，放在腿上又不知不觉会掉在地上，起不到为衣服保洁的作用。因而很多人干脆不用餐巾，甚至放在屁股下垫座位。针对这种情况，青岛有一家餐厅特意在每块餐巾的一个角上挖了个锁好的扣眼，可以扣在上衣的扣子上，并根据季节的不同，扣眼的大小也有区别，非常实用，方便了食客。一个小小扣眼，让人们领略到餐厅无微不至的优质服务，生意兴隆自在情理之中。

重庆有家五金厂市场调查发现，传统的以螺旋式唱主角的水龙头，开关费时费水。针对这一情况，这个厂组织技术人员展开攻关，推出了节水型水龙头，开关十分方便，节水性能又大为提高，深受顾客欢迎，取得了比较好的销售业绩。

为什么许多饭店酒家每天都用餐巾却没有想到在餐巾的角上挖个扣眼？为什么生产螺旋式水龙头的厂家没有想到生产节

看得见的事物是短暂的，看不见的事物才是永恒的。——凯勒水型水龙头？有人认为，要想获得成功，就必须比别人付出足够多的努力。其实在很多时候，天才和普通人的区别就在于能比别人多想一步。

（二）

人们要保持口腔卫生，牙刷一般使用4个月就需要更换，然而，人们对此又常常健忘。美国有一家公司针对这种情况，对普通牙刷作了改进，特意将牙刷白毛中的一撮制成蓝色，当刷牙者使用够4个月左右，蓝色会逐渐变成白色，提醒使用者该更换牙刷了。这种能帮助人们记住日期的“变色牙刷”上市后，一直旺销不衰。

江苏有家乡镇企业研制生产出一种“报警钱包”，一旦遇到扒手行窃，这种钱包便会发出警报声，引起被窃者和旁人的注意，上市后很快成为抢手货，供不应求。

人们常说思路决定出路、思路决定财富。变色牙刷、报警钱包给我们的启示是：没有疲软的市场，只有疲软的产品。事实上，日用品大多是群众生活必需品，这是一个大得不得了的市场，就看企业怎么去开发。对于几十年一副“老面孔”的产品来说，即便市场容量再大，总有饱和的时候。相反，如果一种产品善于突破、善于创新，它的市场就是无穷的。“变色牙刷”与“报警钱包”的走俏，关键在于其经营者抓住了顾客求新、求异、求实用的消费心理，创出了与众不同的产品特色，从而出奇制胜。

（李　慧）

知足常乐

尧到华这个地方去视察，华地的封疆官对他说：“欢迎圣人到此，特祝圣人长寿。”

尧推说：“不敢当。”

封疆官又说：“祝圣人多富。”

恭者不侮人，俭者不夺人。——《孟子·离娄》

尧回答说："不敢当。"

封疆官再说："祝圣人多男子。"

尧又推说："不敢当。"

封疆官迷惑道："多富多寿多男子，是每个人渴求的，你却不愿意接受，是什么道理？"

尧回答说："多男子就多恐惧，多财富就多闲事，多福寿就多耻辱，这三种不是养德的东西，我怎敢接受？"

每个人的内心都是渴望快乐的，没有人希望自己生活在叹息和泪水中。那么怎样才能获得快乐呢？古人告诉我们："知足常乐"。知足的人不因钱财、福寿而劳苦自己。

首先，知足常乐是说要以正确平和的心态对待宠辱得失。它强调的是一种心态。长途跋涉时，让你痛苦的往往不是漫漫长路而是你鞋子里的那一粒细沙。人生也是这样，打败你的或许不是外部恶劣的条件，而是你内心的恐惧与忧虑。四面楚歌，让西楚霸王溃不成军；空城楼上古琴一曲，令司马懿自动退兵；这些何尝不是利用了心理战术?! 所以心态对一个人行动的影响是不容忽视的。而知足常乐无疑是一剂心灵的良药，帮助我们在纷繁芜杂的生活中形成一个良好的心理状态，对外部的风云变幻泰然处之，以平常心去对待现在的处境，用进取的心去开创未来。因为知足，便不会患得患失，没有了负担，轻装上阵自然如鱼得水；同时，知今日已有之足是对自己过去努力的肯定，为下一次的努力提供一个良好的心理状态。

其次，常人有贪念是不可避免的，"世上无如人欲险，几人到此误平生"。简简单单的一个贪字，留下了多少心酸旧事。因为贪，为官者不顾人民疾苦；因为贪，为商者见利忘义；因为贪，夫妻可以反目成仇。可悲的是欲望没有尽头，因为不知足，所以永远没有尽头，无穷无尽的欲望，无穷无尽的追求，也许可以带给你物质的丰裕，却无法带给你精神上的平静。没有了心灵的平静，纵使能享受一时的欢愉，又怎么能获得长久的快乐呢？另外，人力是有限的，"火可灭，不可使之寒；冰

与人交，推其长者，违其短者，故能久也。
——《孔子家语·致思第八》

可消，不可使之热”。对很多事，人是无能为力的。若一再苦苦追求，苦苦执著，于事是过犹不及，于己是徒添烦恼。岂能尽如人愿，但求无愧吾心！求过程，不求结果，成败何需烦心。事已过，知足。知足心就静，心静自然乐在其中！“广厦千间，夜眠不过七尺；良田万顷，日食仅为升斗。”人生最终的目的在于以生为乐，知生存之足，知已有之足，常怀一颗知足之心，无非分之念，无奢求之意，人生便处处时时欢乐不断。

（李　慧）

职场人士应该学会如何职业“补氧”

职场的活跃，肯定会带来大量的人才流动。职业人在这个变化的职场中，如何保证自己“氧气”充分迎接挑战是我们关注的焦点。许多职业白领处于职业彷徨期，不知道如何跳槽才能求得新发展；工作动力缺乏，对未来失去信心，对工作充满抵触情绪和厌倦；晋升无望跳槽无方，职业发展停滞不前。这些都是职业人“缺氧”的表现，如何正确“补氧”，将是我们的职业白领能否在更长远的未来有足够发展原动力的关键。下面是独之秀职业顾问就“职业健身”问题提出的几点建议。

爆发力训练

这类训练强调无氧呼吸，全身因为短暂剧烈极限运动造成暂时缺氧状态，从而通过不断练习急速提升运动竞技水平和组织功能水平。对于许多职业人来说，年终考核是对过去一年工作状况的总结，特别对于业绩型职业人来说，年终考核几乎就是个人职业稳定性的晴雨表。

所以，如何高效冲击年终考核指标，应该是这类职业人职位晋升和薪水上涨的关键。我们要核心分析公司对个人考核的KPI值的构成和权重问题，然后紧抓核心指标培养“爆发力”。

如果现有的工作对我们仍然具有发展意义，年终考核结果

君戒专欲，臣戒专利。——《申鉴·杂言上》

的影响力是显而易见的，提升“爆发力”水平将有利于个人的物质回报和职位晋升。

如果现有的工作对我们的未来持续发展失去了意义，跳槽是我们必须的选择，那么“爆发力”的意义何在？我们从现在开始执行跳槽计划，到跳槽成功，需要一定周期。在这个周期之内“爆发力”的提升肯定不仅给个人带来离职美誉度，还能为跳槽谈判带来更充足的底气。

耐力训练

这类训练属于有氧范畴，通过持续性的循序渐进的训练模式，逐步改善肌肉化学成分和组织器官协调水平，延长个体极限承受周期。我们的职业人经常出现的职业疲劳和职业倦怠等身心方面的现象就是职业耐力下降，缺乏可持续发展动力造成的。职业的耐力来源于职业核心竞争力的持续发展，职业人必须在稳固自己核心竞争力的前提下具体明确每一个职业发展阶段的工作核心价值，所有的工作转变、职能转换和职位变迁，都必须依照这些核心价值标准进行选择。只有这样才能最大限度提升个人职业价值，避免错误的选择导致时间成本的低回报甚至流失。

有许多职业人通过跳槽获得了短期的薪资增长，但是无法掩盖他们实际职业价值的下降，于是他们再次跳槽所面临的市场价格就是他们职业价值下滑的直接体现。这一切都是因为他对自己想要什么、适合做什么以及在此前提下如何进行机会取舍等一系列问题缺乏科学理性判断的结果。

柔韧性训练

这类训练通过综合性运动，针对全身重要关节进行强化锻炼，达到增强肌肉纤维动力水平和各组织应激能力的效果。在职业发展的过程中，职场、市场和社会始终处于活动状态，行业变迁、产品变化和公司变动等都会牵动每一位职业白领的职业命运。

因此，我们的职业白领，特别是中层职业白领常常因为暂时的工作稳定性，对职场变化（尤其是职场价值体系变化）的敏感度不断降低。结果就是许多职业白领在应对职场变化的时

自知者英，自胜者雄。——《文中子·周公》

候，缺乏足够应变能力造成了职业发展困境的出现。

他们中有些人遭遇薪资“封顶”，职业价值却处于下跌状态，发展下去危机四伏；另外更多的人是，对目前职业状况基本满意，但是不能确定下一阶段该如何进一步发展，找什么样的平台更加适合自己，于是在犹豫和害怕间陷入了职业停滞状态。独之秀职业顾问的咨询案例中有40%的职业人就是因为无法明确适合的职位目标，又在跳槽中遭遇过滑铁卢，最后不敢面对职场再竞争导致职业停滞的结果。

应对职场纷繁信息和变动选择的成功法则就是必须建立有效的信息整理、分析和筛选系统，再结合自身竞争力合理规划职业生涯。这样才能在职业发展过程中有足够的柔韧性达到职业成功的彼岸。

（李　慧）

职业生涯规划

个人职业规划，宜早不宜迟

Lucy在一美国公司驻中国的办事处做了10年的小职员。最初的3年充满热情；中间的3年感到在这个公司已没有新东西可学了，不知该去该留；后面的4年纯粹就是做一天和尚撞一天钟。她想辞职，因为没有升职的机会，然而目前的薪水和福利在本地区同行业中的确很高，放弃了可惜。何去何从？且听专家一一道来。

10年前，作为一个刚步入职场的年轻人，就能够到薪金和工作条件丰厚的外资公司工作，应该说，Lucy很幸运，也说明在刚进入这家公司时，Lucy的工作能力和发展潜质等方面都不错。但在工作了10年后，Lucy不仅仍是一名小职员，而且面对是否离职无法作出选择，从这个角度说，Lucy又是不幸的。

Lucy为什么会面临今天的境况呢？最重要的一点在于：

必知富之事，然后能富。——《管子·制分》

Lucy没有尽早做好个人职业生涯规划。那么，什么是职业生涯规划？怎样才能规划好自己的职业生涯？一旦遭遇“10年之痒”，又该如何补救？

做好个人的职业生涯规划，宜早不宜迟

职业生涯规划，简单地说，就是对自己一生中将要从事的工作和活动，提前作出的一个计划。当然，这个计划也是个人的人生规划的一部分，必须要和我们个人的理想和价值观相结合。而由于个人理想和价值观的形成需要较长的一个周期，所以个人职业生涯规划的形成，也不是像制订一份工作计划这么简单，它需要一个不断清晰、不断选择的过程。

但是，职业生涯规划作为个人未来职业选择的“总纲”，越早确定下来，才能更早地把它付诸行动。在美国，小学的学习阶段就开设了关于未来职业倾向测试的相关课程。可见职业生涯规划越早越好！根据舒伯的职业生涯周期理论，人的职业生涯周期分为：(1)成长阶段：出生—14岁；(2)探索阶段：15—24岁；(3)建立阶段：25—44岁；(4)维持阶段：45—64岁；(5)衰退阶段：65岁以上。因此，在25岁以前就尽可能地确定自己的职业生涯规划对于未来的职业生涯过程具有重要意义。

Lucy之所以在10年的工作过程中，除了开始3年有很高的工作热情之外，在后面7年都一直无法很好地投入工作，并且一直无法对是否离职作出选择，最重要的原因，就是缺乏对自己职业生涯的明确目标和具体规划。没有目标，自然无法作出选择和决策了。

个人职业生涯规划，首要的是行动

所谓心动不如行动！职业生涯规划本身的内涵不仅仅是把职业计划做出来，更重要的是围绕计划采取的“落实行动”——就是说要让自己的工作和学习尽可能地为你的下一个职业目标做好准备！

前文所述，Lucy在进入公司之前的条件和潜质都不错，但由于缺乏清晰的个人职业规划，自然更不可能围绕“计划”，采取“行动”！如果她能够尽早在工作中，根据自己的职业兴

言不务多，务审所谓；行不务远，务审所由。
——《论衡·定贤篇》

趣、工作条件等情况，确定自己未来的职业目标，则可以很好地利用自己工作的平台，不断加强学习、参加培训、积累经验，为下一个职业目标准备条件，等到她一旦有了足够的准备时，那么她所希望的“升职机会”也就会在公司内部或外部自然地出现了。

将职业生涯规划作为自己职业选择的重要标准

对于Lucy来说，现在需要重新审视自己的职业过程，明确和清晰自己的职业生涯目标，在这个基础上来判断现有的工作平台、人际关系、学习机会、晋升空间、个人资源等方面是否和自己的个人职业规划相一致。

即是说，首先要确定职业目标，然后以这个目标为准则，去判断和决定自己下一步该做什么、能做什么和怎么做。

（李　慧）

闻而审，则为福矣；闻而不审，不若无闻矣。
——《吕览·慎行论·察传》

第六章　从生理健康到心理健康

听，你的身体在说话
放松训练
改善睡眠
呼吸减压
饮食减压
运动一定能减压吗

听，你的身体在说话

压力本是物理学上的术语，在工程学和建筑学上指“负荷”。用在心理学上，即指“心理上的负荷”，压力大会影响心理健康、影响工作效率，这已经是不争的事实。

实际上，压力也有好的作用，心理学上将压力分为积极压力和消极压力。简单说来，积极压力就是能够使你产生积极情绪和热情的压力，而消极压力则产生消极的情绪。通常我们说的压力更多是指消极压力。

消极压力会引起一系列心理状态上的变化，比如会焦虑、紧张，情绪过敏，对事物的兴趣和热情减少，注意力分散，记忆力下降，反应速度下降等。我们都知道在情绪低落的时候告诉自己是压力过大而造成的，但是你有没有注意到你的身体同时也在传达给你信息？当身体出现不良反应，比如感冒、心跳加快，你的第一反应是不是去医院？

有医生说，心血管疾病临床实践上，大概有80%的病人实际上都是心理上造成的，不是真的心脏有疾病，而是怀疑心脏有疾病。也就是说压力大的情况下，心脏负荷会变得很高，所以会有一些心脏上不舒适的感觉，胸闷，或者心跳不正常，总是过快。当这种情况出现时，大家总是倾向于认为是身体健康出现问题了，而不知道其实这是人生理本能的反应，它在通过它的方式向你发出信号：你压力过大了，要开始调整休息了。

积极压力不是会产生积极的情绪吗？那么这种压力是不是不会对人的身体造成影响呢？目前的研究表明，积极压力过大、过于持久虽然不会对人的心理有影响，但是也会对身体产生负面的影响。所以不论是何种压力，过大都会影响生理健康。

压力大的生理症状也有很多种，一般主要有以下表现：

心率加快、血压增高；肾上腺激素和去甲肾上腺激素分泌

盈缩之期不尽在天，养怡之福可得永年。——曹操

增加；恶心，肠胃失调，如溃疡；身体受伤；身体疲劳；死亡；心脏疾病；糖尿病；呼吸问题；汗流量增加；头痛；癌症；肌肉紧张；疑病症增加；睡眠不好。

压力事件还可能引起皮肤疾病或使其恶化。湿疹、神经性皮炎、荨麻疹、痤疮都可能与压力有关。有研究发现倾向于患湿疹、痤疮的人在面临压力或情绪激动时都可能发病。

另外，近期胃口不好，或者饮食过度等，这些都可能是压力过大而引起。

近期关于国企领导人的一项压力调查报告中提出了九大具体压力反应指标，分别是：厌倦人际交往、心慌心悸、血压持续高或低、盗汗、睡眠不足睡眠质量下降、偏头痛头晕、性欲减退、肠胃道不适、溃疡症难愈。这些现象可以反映持续压力对身心健康造成的危害程度。

报告中指出：国企经理人前六大压力反应比重由高到低依次是：睡眠不足、质量下降（占5成多），肠胃道不适（占4成多），性欲减退（占4成），偏头痛头晕（占3成多），厌倦人际交往（占3成多），心慌心悸（占近3成）。

当你感觉最近身体开始不适，而去医院检查有没有什么问题的时候，要开始注意：这是你身体发出的信号，你要开始休息、做出调整了。

（张文青）

放松训练

养生以不伤为本。——《抱朴子·极言》

放松训练是以一定的暗示语集中注意，调节呼吸，使肌肉得到充分放松，从而调节中枢神经系统兴奋性的方法。

1. 渐进放松练习。渐进放松就是按照一定的顺序逐步放松身体的每一个部位，总体原则是先给与放松部分施加一定的压力，然后放松，感受这两者之间的差别，在一张一弛中让身体体验到放松。以下是具体的指导练习语，可以录制自己的放松练习带，然后跟着指导语做就可以了。

“摘掉较紧的首饰，如手表等。舒适地坐在椅子里，把手臂放在椅子的把手上，手掌朝下并张开握住椅子把手的顶端，靠在椅子上让头轻轻地俯向胸前。闭上眼睛，让两条腿舒适地分开，不要让两腿交叉。现在深呼吸几次，让吸气停留住几秒钟，然后完全充分地呼出，吸气，注意到胸部有一些紧张……慢慢地呼气，会注意到放松的感觉，几乎是软弱无力。放松感觉很好，很舒服。再做一次深呼吸，深深地吸气，又会像刚才一样感到紧张，让气再呼出，完全呼出，感到放开的愉悦轻松感觉，再做一次，吸气……呼气，呼气时注意放松的感觉。越来越放松。

现在握紧拳头在手腕处，向后面弯曲……越来越紧……感觉到拳头和前臂的紧张……现在放松……感觉到拳头和前臂的放松……注意和紧张状况的对比，再来重复一次，握紧拳头在手腕处向后弯曲，越来越紧，感觉到拳头和前臂的紧张……现在放松……感觉到拳头和前臂的放松。

现在将肘部弯曲，绷紧二头肌，绷紧，再用力绷紧，再用力……将手垂下并且放松……感受差别，再做一次，将肘部弯曲，绷紧二头肌，绷紧，再用力绷紧，再用力……垂下并放松。感受差别，将注意力转向头部并且将前额弄皱，尽最大努力弄皱……感觉到前额和头皮的紧张。现在让它放松和平展……现在皱眉，注意前额有一种拉紧的感觉……放松。让眉毛重新平展……挤压闭合的双眼……再紧些……将眼部放松。让它们轻轻地舒服地闭合。

现在张大嘴并且感到颚部的紧张……将颚部放松……当颚部放松时，嘴唇轻微张开。注意紧张和放松之间的对比……现在用舌头顶住嘴的顶部，感到嘴后面的疼痛……放松……现在压紧嘴唇，将其缩拢，皱成O的形状……放松嘴唇……感受前额、头皮、眼睛、颚部、舌头和嘴唇……越来越放松……

将头部为绕脖子缓慢地转动，转动，转动，直到感觉到脖子的绷紧……然后从相反方向缓慢地转动头部。放松，让头部舒服地回到原来位置……现在开始耸肩，将肩膀对着耳朵向上

渐门有五：一曰斋戒，二曰安处，三曰存想，四曰坐忘，五曰神解。
——唐·司马承祯《天隐子·渐门》

抬起，抬起，不断抬起……停顿……慢慢地将肩膀落下，一种放松的感觉传遍脖子、喉咙和肩膀……纯粹地放松，越来越深入……

现在将空气吸入，充满肺部，屏住呼吸，感受压力……现在将气体呼出，让胸部变得松弛……继续放松，让呼吸自由和平缓……随着每次气体的呼出，肌肉上的紧张也被释放出来……

下一步，收紧上腹部并且保持一会，感到腹部的紧张……放松……现在将一只手放在腹部，用腹部做深呼吸，让气推动手向上，停顿……放松。当气体呼出时注意放松的感觉……

现在背部弯曲成拱形，不要过度，使身体的其他部位尽量放松。注意背下部位的紧张……现在放松……让紧张消退。

绷紧臀部和大腿……放松并感觉不同之处……现在伸直和拉紧并且向下卷曲脚趾。体验这种紧张……放松……伸直和拉紧并向脸部弯曲脚趾……放松。

继续慢慢地深深地呼吸，感觉这舒适的温暖和深沉的松弛遍布你的全身……你可以调动全身作进一步的放松，释放体内剩余的最后一点紧张度，放松脚……放松小腿……放松膝盖……放松大腿……让放松的感觉扩展到腹部……到背下部位……到胸部……越来越放松，感觉到松弛渗透进肩膀……渗透进胳膊……渗透进手掌……越来越深入，越来越放松。注意脖子内那种松弛和放松的感觉……还有颚部……脸部……头皮……继续缓慢地做深呼吸，你的全身有一种松弛、平静和休息良好的感觉。

沉浸在这种感觉中一会儿，体会一下把紧张都排在体外的愉快感觉。用一会儿时间体验放松的感觉……（一分钟）现在我从3倒数到1，数到1时，请你慢慢睁开眼睛，抬起头，然后像刚刚午睡过后一样，伸个懒腰。”

2. 自身放松练习程序。

准备姿势：

（1）马车夫式：想象一位车夫从容坐在椅子或凳子上，头微微向前，手和胳膊轻松地放在大腿上，两腿取较舒适的姿

吸新吐故以养脏，专意积精以适神，于以养生，岂不长哉。
——东汉·班固《汉书》

势，脚尖微微朝外，闭上双眼。

(2) 软椅式：舒适地坐在一张软椅上，胳膊和手放在椅子的扶手或自己的腿上，双腿和脚取舒适的姿势，脚尖略向外，闭上双眼。

(3) 躺式：仰面躺下，头舒服地靠在枕上，两臂微微弯曲，手心向下放在身体两旁，两腿放松，稍分开，脚尖略朝外，闭上双眼。

练习过程：

(1) 将注意力集中在胳膊和腿的沉重感上（从优势胳膊或腿开始）。

(2) 将注意力集中在胳膊和腿的温暖感上（从优势胳膊或腿开始）。

(3) 将注意力集中在心脏部位的温暖和沉重感上。

(4) 将注意力集中在呼吸上。

(5) 将注意力集中在肚子的温暖感上。

(6) 将注意力集中在前额的冰凉感上。

这几个阶段是系列的；需要掌握一个阶段再练习下一个阶段。下面是指导语的例子。对每句话重复三次。

第1个阶段：沉重感

我的右胳膊很沉……我的左胳膊很沉……

我的两条胳膊很沉……我的右腿很沉……

我的左腿很沉……我的两条腿很沉……

我的胳膊和腿很沉……

第2个阶段：温暖感

我的右胳膊很温暖……我的左胳膊很温暖……

我的两条胳膊很温暖……我的右腿很温暖……

我的左腿很温暖……我的两条腿很温暖……

我的胳膊和腿很温暖。

第3个阶段：心脏

我的心跳安静正常（重复四至五遍）。

第4个阶段：呼吸

我的呼吸安静和放松……

游心于淡，合气于漠，顺物自然，而无容私。
——战国·庄周《庄子·应帝王篇》

我在呼吸（重复四至五遍）。

第5个阶段：肚子

我的肚子很温暖（重复四至五遍）。

第6个阶段：前额

我的前额很凉（重复四至五遍）。

有了自身训练的体验之后，只需要几分钟就能够感到四肢的沉重和温暖、放松的、安静的心率和呼吸、温暖的肚子、凉爽的前额。但是通常需要几个月才能达到这一点。有规律的练习意味着每天练习10到40分钟。

做完上述基本练习以后，人是处于极度松弛—平静的状态。所以还应该再做一个自我动员练习，即活化练习，以使自己的精神振奋起来。这个过程最好是在大脑还处于微眠状态时就开始，这样振奋状态会出现得早些、快些。达此目的，需默念下列暗示语：

我的整个身体都在休息……我积蓄了力量……放松和沉静的感觉从手……脚……躯干……颈部……面部……消失了；我全身的肌肉都得到了休息……变得很有力……呼吸加深了……睡意在消失……睡意完全消失……我的大脑休息过了，很清醒！我的自我感觉很好！我很愿意进行所面临的工作！

此后，应站起来做几节身体准备活动，这样整个人将处于十分积极的振奋状态。

3. 想象放松法。准备姿势和准备活动同上，根据以下的指导语进行想象。

我静静地俯在海滩（湖边的草滩）上，周围没有其他人，清风轻轻地吹着，我渐渐聆听到风吹过草地和我的耳旁，我感受到了阳光温暖的照射，触到了身下海滩上的沙子（湖边柔软的草儿），我全身感到无比的舒适，微风带来一丝丝海腥味（清新的味道），海涛在有节奏地唱着自己的歌（湖面上的水静悄悄地涌过来，时不时有鱼儿嬉水溅出的水花声），我静静地，静静地谛听着这永恒的波涛声（这令人神往的梦里水乡）……

我坐上了小船，在平静的水面上慢慢荡漾，小船轻轻地摇呀，它有节奏地向我梦想最美丽的地方摇去，我的呼吸渐渐慢

五色令人目盲，五音令人耳聋，五味令人口爽。——《道德经·第十二章》

而深，和着小船的节奏，在这个美丽的世界里，我尽情地享受着。

天上的白云倒影在镜子一样的水面上，不知哪是水面，哪是天空。几只飞来的海鸥（白色的鸟儿）在贴近水面掠过，翅膀几乎触到水面，一会儿它们又飞向蓝天，尽情地玩弄它们的飞行技巧，非常轻巧，潇洒自如，正如我一度有过的进入最佳状态时的表现，一切变得那么投入，比赛在我的控制之中，我发挥得很好……

可以想象自己感觉最惬意、最舒服的场景，想象得越真实、越详细越好。

（张文青）

改善睡眠

睡眠质量不好，通常表现失眠、入睡难、早醒、半夜醒来难以再次入睡、多梦等。

很多人都会很苦恼自己睡眠的质量不好，苦恼过多之后，甚至会演变成睡觉之前就开始担心自己会失眠，这种因害怕而引起的紧张又会使人更睡不着，如此反复，就形成了一个恶性循环。

如何打破这个恶性循环呢？首先要保持平和的心态。

晚上怎么也睡不着，没有关系，不要强迫自己去睡着，也不需要借助于安眠药，服用药物容易形成药物依赖。而应顺其自然，睡不着可以闭上眼睛保持平卧的姿势，静静地躺着，或者起来在房间内踱踱步，或者听听音乐，看看轻松的书籍。或者干脆就告诉自己：我今天要使劲睁开眼，争取不睡。

以下两种调节方法也可以促进睡眠：

(1) 闭目入静法。闭上双眼，然后把眼睛微微张开一条缝，让自己还能看到外界的事物。就像是自己很困，想闭上眼睛睡觉，但是因为某些原因而不能睡的状态。虽然这只是模拟

贤妻和健康是一个男子最宝贵的财富。——斯珀吉翁

这种状态，但是能诱导人体渐渐进入睡意蒙眬状态。

（2）鸣天鼓法。仰卧，闭上眼睛，左手掩着左耳，右手掩着右耳，并用手指弹击后脑勺，力度控制在能听到呼呼的响声即可。弹击的次数到自己觉得有点累为止。停止弹击后，头慢慢靠近睡枕，手自然放在身体的两侧，便会很快入睡了。

睡到半夜经常会醒，没有关系。这表明自己的警觉性比较高，脑细胞很活跃。醒来了调整一下自己焦虑不安的心态，做几次深呼吸（以下会讲到呼吸减压），闭上眼睛，关注自己的呼吸，感受自己的呼吸，直到入睡。

昨天没有睡好，早上也不要睡懒觉。睡懒觉是失眠的开始，不睡懒觉按时起床很重要。这样次日可能出现头晕乏力，不想活动，持续几天后反而会促发睡意。白天工作发困的时候闭上眼睛休息几分钟就可以恢复良好的精神状态。

另外，睡眠也要遵循自己的生物钟规律，不管是早睡早起还是晚睡晚起，或者是中午小憩，只要适合自己就好，不必勉强改变。

睡觉前不要思考问题，也不要总去想工作中的难题，睡觉放在优先的地位。或许当时让自己放弃工作会有些困难，但是要看到、要想到第二天的你，要让自己精力充沛，就必须给予睡觉优先权。睡前也不要阅读或看一些唤起你兴奋细胞的书、电视。

如果你因为疲劳过度而睡眠不好，则可以睡前吃苹果、香蕉、橘、橙、梨等一类水果。这类水果的芳香味，对神经系统有镇静作用；水果中的糖分，能使大脑皮质抑制而易进入睡眠状态。不过切忌不要吃得太饱。

睡前也可以聆听平淡而有节律的音响，例如滴水声以及春雨淅沥淅沥声音的磁带，或音乐催眠音带，有助睡眠，还可以此建立诱导睡眠的条件反射。

（张文青）

一日三笑，人生难老。一日三恼，不老也老。——民间谚语

呼吸减压

1. 自然呼吸。这是一种非常简单的呼吸方式，自然呼吸就可以了，然后把意识完全放在呼吸上，不用改变自己的呼吸频率，按照平时的习惯就可以。

坐着或者躺着都可以，闭上双眼，放松全身，然后关注自己的呼吸，注意呼吸的节奏。感受呼吸时空气通过喉咙、气管、进入肺部、进入腹部。

这种呼吸适合在心绪不宁，或者有强烈情绪出现时，快速让自己安定下来。

2. 深度呼吸。用鼻吸气，用口呼出。然后做一个深呼吸，慢慢用鼻吸气，吸到最满，然后屏住呼吸 5 秒钟，再慢慢用口呼出，并发出“嗤嗤”声。

3. 腹式呼吸。一般呼吸的时候，我们都是呼气时胸部扩张、腹部收紧，而腹式呼吸就要求吸气时腹部鼓起，呼气时腹部收紧。

一手放胸前，一手放腹部，吸气时尽力挺腹，胸部不动，呼气时腹部肌肉缓慢收紧，刚开始不习惯时可以用手来强加给腹部力量，使其收紧。

这种呼吸方法可以增加自己的肺活量，具有安定神经的作用。

4. 激励呼吸。背靠椅子坐下，两腿自然分开，两手臂放松下垂在两腿旁。用口慢慢呼气，上身渐渐向下，直至下颌接触到膝盖。然后用鼻吸气，慢慢抬起上身。

这一运动可以减轻工作中的疲劳，如在早晨练习，心情更加舒畅。

5. 净化呼吸。站立，两脚分开与肩同宽。在用鼻做深吸气的同时，两臂缓缓举向上方。吸足气后，两臂快速放下，同时张口吐气，高喊一声“哈”。

站立，深呼吸，同时闭上眼睛，想象吸进的空气是有颜色的，如黑色，让身体各部分都感受到这一颜色。当吸气吸到最

善摄身，不穷神，不苦形，神形既要，祸患何由而致也。——《医说》

满的时候，屏气 10 秒钟，想象胸腔内充满了这种颜色烦恼，然后快速放下手臂，高喊“哈”，让空气从鼻孔连同刚才想象中的烦恼一起吐出。

这一练习有助于消除精神紧张，还能使长期郁积在肺部的浊气排出。

6. 鼻孔交替呼吸。伸出左手的大拇指与食指，先用大拇指按住左鼻孔，用右侧的鼻孔做深呼吸。做 3 次，然后松开大拇指，用食指按住右鼻孔，用左鼻孔做深呼吸。

或者用右鼻孔吸气，然后松开大拇指，用食指按住右鼻孔，用左鼻孔将气体慢慢呼出。

（张文青）

饮食减压

据研究，长期处于压力下的人，其体内的皮质醇（一种激素）会大量增加，人会焦虑不安，并导致多种心理、生理疾病。如果能减少体内的皮质醇浓度，焦虑也能得到控制。

镁能缓解肌肉的紧张，也对心脏活动具有重要的调节作用，它能抑制心肌，使心脏的节律和兴奋传导减弱，从而有利于心脏的舒张与休息。含镁的食物主要有绿叶蔬菜、鱼类、牛肉、猪肉、花生、芝麻、蛋黄、香蕉、紫菜、海带、豆类等。

维生素 A 能调节皮质醇的水平，缓解压力，改善肠胃不适。富含维生素 A 的食物有：动物性食品（肝脏，奶与奶制品及禽蛋），植物性食品（绿叶菜类、黄色菜类及水果等）。

维生素 B5 被称为“抗压维生素”，它能提高体内可得松激素及其他缓解紧张的激素的水平。富含维生素 B5 的食物有：动物性肝脏、牛肉、牛心、羊心、猪肉、猪心、虾米、甲鱼、鲐鱼、干银鱼、鸡、羊肉、芝麻酱、花生仁、炒熟的葵花子、鲜蘑菇、紫菜、干辣椒、高粱米等。

维生素 C 也能调节压力荷尔蒙皮质醇，降低因压力引起

饥不暴食，渴不狂饮。——民间谚语

的高血压，大大减轻压力引起的种种症状。富含维生素C的各种新鲜蔬菜和水果很多，如猕猴桃、哈密瓜、青椒、黄瓜、西红柿、小白菜、鲜枣、生梨、橘子、椰菜、葡萄汁、橙汁、草莓、红枣等。维生素C的最好来源是草莓、胡椒、花菜、马铃薯、柑橘、西瓜等。

另外，含糖丰富的食品能使人保持好心情，因为糖能够快速将色氨酸直接传递到大脑中，大脑也就能快速产生复合胺，而复合胺能让人产生满足感，让人心情舒畅。可以吃一些面条、面包，或者巧克力等。鸡蛋也能改善你的心情，鸡蛋中富含色氨酸（一种氨基酸），色氨酸也能让人体释放出复合胺。一项实验表明，只要食用富含色氨酸的早餐，在压力下的坏情绪就会大大减轻。

橙汁、菠菜和谷类食物中含有丰富的叶酸，能产生抵抗抑郁的化学成分，从而能振奋精神，改变因压力而引起的抑郁状态。

（张文青）

运动一定能减压吗

相当一部分人都是健身房的常客，为了健康，也更是为了减压。而运动之所以能缓解压力，让人保持平和的心态，与腓肽效应有关。腓肽是身体的一种激素，被称为“快乐因子”。当运动达到一定量时，身体产生的腓肽效应能愉悦神经，甚至可以把压力和不愉快带走。

但是运动真的能有如此神奇的效果，只要运动就一定能减压吗？

有些人刻意去做一些激烈的体育运动，想通过大汗淋漓来释放自己的压力和情绪，其实这样只会给自己的身体带来沉重的负担。也有些人会去跟随潮流参与一些运动项目，而这些项目不一定适合自己，当锻炼成为了一种任务，就会增添自己的

体欲常少劳，无过度。
——晋·张华《博物志》

心理负担。

适当的运动锻炼，才有利于消除疲劳。因为运动可以改变每天上班工作的单一刺激，而且可以随着运动项目运动量的不同而使刺激强度得到变换。

为了达到放松身心的作用，要选择自己喜爱的、能产生愉悦感的运动，不能盲目跟从。运动时间不要过长，运动量也不要过大，避免过度疲劳或兴奋。

通常来说，有氧运动能使人全身得到放松。想通过运动缓解压力，可以参加一些缓和的、运动量小的运动，使心情先平静下来，如跳绳、跳操、游泳、散步、打乒乓球等。运动时间可掌握在每天半小时左右。

不过，压力都是有现实来源的，比如工作或者人际关系等因素，运动只能让人们暂时地遗忘压力，只能治标不能治本。所以有压力的时候，关键是去解决带来压力的现实事件，或者调整自己的心态。

（张文青）

养生在动，养心在静；知足常乐，无求常委。——陈立天